A transferência

PSICANÁLISE PASSO-A-PASSO
Direção: Marco Antonio Coutinho Jorge

Ver lista de títulos no final do volume

Denise Maurano

A transferência

Uma viagem rumo ao continente negro

2ª reimpressão

ZAHAR

Jorge Zahar Editor Ltda.
rua Marquês de S. Vicente 99 – 1º
22451-041 Rio de Janeiro, RJ
tel. (21) 2529-4750 / fax (21) 2529-4787
editora@zahar.com.br
www.zahar.com.br

Grafia atualizada respeitando o novo
Acordo Ortográfico da Língua Portuguesa

2ª reimpressão: 2014

Composição: TopTextos Edições Gráficas Ltda.
Capa: Sérgio Campante

CIP-Brasil. Catalogação na fonte
Sindicato Nacional dos Editores de Livros, RJ.

Maurano, Denise
M412t A transferência: uma viagem rumo ao continente negro / Denise Maurano. — Rio de Janeiro: Zahar, 2006.
(Passo-a-passo; 72)

Inclui bibliografia
ISBN 978-85-7110-950-6

1. Psicanálise. 2. Transferência (Psicologia). I. Título.

CDD: 150.195
06-3240 CDU: 159.964.2

Sumário

Para se chegar pois a Ela, há que se proceder antes não compreendendo do que procurando compreender, deve-se antes pôr-se em trevas do que abrir os olhos para a luz...

S. João da Cruz

Introdução

Tenho argumentado em prol da ideia de que a experiência psicanalítica não é um achado fortuito da cabeça genial de Freud, seu inventor; mas sim efeito de nossa experiência contemporânea, na qual estão conjugados todos os elementos indispensáveis para centrarmos nossa existência, no drama daquilo com que temos de lidar quando se trata de desejo.

Andamos sempre às voltas com a energia psíquica que, sendo oriunda das pulsões sexuais, encontra nos termos do desejo e das aspirações amorosas seu regime de funcionamento. Vivemos na Era da Libido, na qual esperamos que o amor e a sexualidade resolvam os impasses de nossas vidas, já que não acreditamos mais que seremos salvos pela organização das leis, nem por Deus, nem pelas luzes da racionalidade humana. Frente a esse quadro, aumentam as questões relacionadas ao amor e à sexualidade, terreno sobre o qual a psicanálise debruça-se teórica e clinicamente.

Apesar das mudanças ocorridas no mundo desde os tempos de Freud e da maneira pela qual amor e sexualidade têm sido tratados, o cerne da questão não teve a mesma mobilidade. Ou seja, depois da chamada revolução sexual, da aids, da internet, é claro que a sexualidade não se apresenta do mesmo modo que anteriormente; os caminhos transversos da virtualidade e do consumo o atestam. Mas o que faz com que ela permaneça como tema central é a mesma coisa que a instituiu nesse lugar: a aposta de que promova a salvação de nossa existência. Parece ser isto o que marca a inauguração da cena contemporânea e que nos revela Freud como um genuíno contemporâneo.

Não que Freud acredite nessa salvação; ele apenas foi sensível a essa questão. Frente a esse apelo demasiado humano, e sobretudo demasiado, vigora uma verdade — que, como toda verdade, é só meia-verdade. Vê-la como parcial, isto é, conviver com a falta estrutural que está no âmago das questões amorosas, parece ser a grande dificuldade do homem contemporâneo, e a psicanálise foi inventada para tratar disso: o chamado "mal de amor" que configura nossas tragédias atuais e tece o discurso corrente em grande parte de nossas produções artísticas e culturais, e também em nossos divãs psicanalíticos.

Se menciono a questão do "mal de amor" na cena contemporânea, é porque ela nos dá o mote para começarmos a explicitar a transferência em psicanálise, tema deste volume. A transferência tem a ver com o amor, com a demanda de ser amado. E mais do que isso, articula-se com a forma como a demanda de amor será acolhida, encaminhada, tratada e desmontada na experiência psicanalítica. Aliás, é a novidade que esse procedimento comporta que inaugura a clínica psicanalítica propriamente dita. Ou seja, é a análise da transferência que institui a diferença-chave entre a psicanálise e os outros métodos de que, antes dela, o próprio Freud tinha lançado mão.

Para explicar isso melhor, faremos um trajeto que começará com uma breve passagem pela pré-história da psicanálise, na qual o dr. Joseph Breuer não poderá deixar de ser lembrado, dados os desdobramentos de seu famoso tratamento de Anna O. — a moça que inventou a "cura pela conversa", apaixonou-se por seu médico e deu a pista do que viria a ser conceituado por Freud como transferência.

Em seguida passaremos pela caracterização da transferência em Freud, onde esta, definindo-se como amor, indica um investimento afetivo do paciente dirigido à pessoa do analista, através do qual são atuadas experiências regressivas infantis. Ficará demarcado que a transferência funciona tanto como força impulsora do tratamento quanto como resistência ao mesmo e limite onde esse arrisca-se a fracassar.

O passo seguinte será abordar a contribuição do psicanalista francês Jacques Lacan, que destaca a suposição de saber creditada ao analista como pivô da transferência, e o amor como seu efeito. Questões relativas ao que se situa entre o apelo ao saber e o apelo a ser: apelo a que o amor autentique a existência.

Para melhor explicitar o que dá ao analista o balizamento necessário ao manejo da transferência no trabalho clínico — já que tantas variáveis intervêm de maneira a comprometê-lo, e a contrapartida da transferência por parte dele, a chamada *contratransferência*, é um deles —, Lacan propõe um conceito que tem uma função eminentemente clínica que é o *desejo do analista*. Assim, como poderemos ver, é através da intervenção do desejo do analista que a transferência efetiva-se como viabilização do tratamento. Dessa forma, é o antídoto para a transferência como resistência.

Chegaremos então ao centro deste trabalho: as questões relativas ao desejo do analista articuladas com a peculiaridade do amor que interessa a esse desejo. Trataremos de uma vertente do amor que se espera do analista. Esta não é fonte de engano, de apelo à reciprocidade, mas possibilidade de sustentação da ética da psicanálise.

Essa ética que não está guiada por ideais, aponta um reencontro com o real traumático, porém o horror que ele suscitou será agora transfigurado pela experiência do amor que, operando através do desejo do analista, se articula com a função do belo e a sublimação, abrindo acesso a um encontro com o feminino antes recalcado. Daí o título dessa seção ser "A transferência e o encontro com o feminino".

Dado esse laço social atípico que se configura na relação com o analista, Lacan apresenta uma proposta de formalização do discurso do analista, que não é senão um outro modo de delinear como este intervém na transferência, na lida tanto com a linguagem quanto com os objetos.

Para finalizar, mostraremos que a transferência é uma experiência viva necessária para que a transmissão da psicanálise seja possível, o que inviabiliza sua regulamentação ou regulação por quaisquer trâmites burocráticos, porque nenhum deles dará conta dessa dimensão do vivo.

A transferência em sua origem

Freud percebeu cedo a origem psíquica de muitos dos fenômenos patológicos aos quais era apresentado, o que fez com que se encantasse com os trabalhos sobre a hipnose. A possibilidade de produzir ou suprimir sintomas pela sugestão do hipnotizador confirmava a origem psíquica desses sintomas. Não foi à toa que Freud, aluno de Bernheim, pesquisador desse assunto, entre 1888 e 1892, traduziu para o alemão duas de suas obras, e também fez o mesmo com trabalhos de Charcot, além de fazer um estágio no hospital Salpetrière, dirigido por este último.

Se o tratamento ideal devia ser rápido, confiável e não desagradável para o paciente, a hipnose era um achado, pois respondia bem a pelo menos dois desses itens: era rápida e não desagradável. A confiabilidade, no sentido de suprimir eficazmente os sintomas, é que era problemática. Se a autoridade do médico, por alguma razão, se enfraquecia para o paciente, o sintoma voltava.

Inconformado com isso, e influenciado pelo método catártico de Joseph Breuer, Freud resolve fazer uma primeira modificação no método hipnótico: ao invés de impor ao paciente uma sugestão proibidora do sintoma, começou a explorá-lo. Pretendia com isso promover a revivência de uma situação traumática para o sujeito, liberando assim o afeto que se encontrava "bloqueado", e restituindo-lhe a mobilidade afetiva.

O termo *catarse*, na obra de Aristóteles, se refere a propiciar uma certa purificação das más paixões. Mas aí resta a questão: por que apenas a repetição da cena traumática eliminaria sua nocividade? No desdobramento dessa questão é que Freud descobrirá a função da transferência na relação com a paciente, o que o fará abandonar o método catártico para criar o método psicanalítico. Neste, não se trata apenas de repetir, mas sobretudo de recriar; viabilizar meios para que o sujeito vá além da repetição.

A história de Bertha Pappenheim, paciente tratada por Breuer, mostra como o impasse do método catártico precisou ser transposto para que a psicanálise pudesse acontecer. Breuer era um conhecido e respeitado médico de Viena, com quem Freud tinha ótimas relações de amizade, e que foi, durante muito tempo, seu "patrono filantrópico", emprestando-lhe dinheiro regularmente para que continuasse com suas pesquisas.

Entre 1880 e 1882, antes de Freud começar a clinicar, Breuer teve um "acidente de percurso" em sua carreira, durante o tratamento de Berta Pappenheim, e somente com muita insistência concordou em publicar esse caso, juntamente com outros de Freud, nos *Estudos sobre histeria* (1893-95), sob o nome fictício de Anna O.

Esse caso foi tão marcante na pré-história da psicanálise, que muitos pensam que Anna O. foi tratada por Freud. Será somente em 1889, portanto sete anos depois de finalizado o caso de Anna O., que Freud realizará seu primeiro tratamento por este método.

Anna O., que tinha na época 21 anos, apresentava uma quantidade de sintomas que iam desde a oscilação exagerada de humor, angústia, sonambulismo, até perturbações graves na visão e na linguagem, asco aos alimentos, paralisias por contratura, anestesias e tosses. Quando acolhida em tratamento por Breuer, pôs em marcha aquilo que ela mesma denominou, de modo sério, *cura pela conversa*, e de maneira jocosa, *limpeza de chaminé*.

Neste tratamento, a partir da sugestão hipnótica utilizada não diretamente com fins terapêuticos, mas para investigar a amnésia característica dos pacientes histéricos, cabia ao médico ouvi-la sem interrompê-la. Ao anoitecer era frequente que ela entrasse num estado de auto-hipnose, ou *consciência secundária*, o que facilitava o procedimento, sobretudo quando não havia se passado mais de dois dias da última consulta com seu médico. Breuer conta que o fenômeno histérico se dissipava logo que, sob hipnose, ela conseguia reproduzir o evento que o havia ocasionado, expressando o afeto contido a ele correlacionado. A excitação psíquica relativa a esse afeto encontrava assim sua devida expressão e, com isso, não precisava mais ser convertida em excitação somática. Ou seja, o sintoma desaparecia.

Ao longo do tratamento, Anna O. foi melhorando, porém a finalização do trabalho é relatada de maneira nebulosa. Sabemos, através de outras publicações, que ocorreram alguns eventos desastrosos. Por exemplo, a esposa de Breuer, enciumada por causa dos cuidados e a atenção que a moça despertava em seu marido, resolveu pressioná-lo a encerrar o trabalho e lhe propôs fazerem uma viagem para uma segunda lua de mel.

Como, ao término de dois anos de trabalho, a moça efetivamente encontrava-se melhor, Breuer resolveu aquiescer ao pedido de sua esposa. Resultado: no mesmo dia em que comunicou essa decisão a Anna O., ele foi chamado às pressas à sua casa, pois ela encontrava-se em uma grave crise histérica, de gravidez psicológica, na qual "simulava" um parto de um filho dele.

A cena apavorou o médico respeitável, que dizia jamais ter percebido na paciente qualquer interesse sexual, e — certamente assustado por ver-se como pivô de toda aquela excitação — confirmou sua saída de cena: depois de acalmar a moça, partiu em viagem com a esposa. Isso fez com que o pioneiro Breuer não se aventurasse mais na utilização desse método, embora tivesse ficado curioso acerca de suas possibilidades, razão pela qual estimulava Freud no prosseguimento de sua exploração.

Sabe-se que a moça passou alguns anos internada em instituições, porém recuperou-se e até veio a se tornar a primeira assistente social da Alemanha, além de ter contribuído de forma significativa para a causa da emancipação da mulher.

Freud considera o nexo entre o sintoma e o trauma psíquico a maior contribuição de Breuer, o que o faz atribuir ao médico a paternidade da psicanálise, retroagindo disso posteriormente.

Freud e Breuer se afastam quando o trabalho em conjunto se torna inviável, após Breuer declarar que não reconhecia o valor da sexualidade para a origem das neuroses — o que veio a constituir a tese central das ideias de Freud. Isso foi bastante estranho, pois, na parte teórica dos *Estudos sobre histeria,* o próprio Breuer havia considerado os transtornos como advindos da inclinação e da defesa frente ao sexual, e que grande parte dos problemas psíquicos das mulheres casadas vinham do leito conjugal.

Se Breuer teve algum mérito no momento inaugural da psicanálise, este certamente não é o de sua paternidade, pois foi justamente a sua dificuldade em lidar com a dimensão do sexual que o impediu de caminhar nessa direção. Mas talvez seu mérito seja o da maternidade da psicanálise. Aliás, curiosamente, Breuer disse certa vez: "O intelecto de Freud está atingindo a sua altura máxima. Sigo-o com a vista, como a galinha que acompanha o voo do falcão."

Mas certamente Breuer teve um papel fundamental nesses primórdios. Ele de certo modo nutriu o que viria a se constituir como psicanálise. Porém foi observando os impasses que levaram ao fracasso de Breuer no tratamento de Anna O. e investigando essa explosão de afetos suscitados na relação da paciente com o médico, que Freud percebeu o fenômeno espontâneo da transferência e a complexidade dessa relação, o que o levou a renunciar à hipnose e criar o método psicanalítico.

A caracterização da transferência em Freud

O fenômeno da transferência é a chave da invenção desse novo método de tratamento. A *Übertragung*, termo alemão que além de transferência significa também transmissão, contágio, tradução, versão, e até audição, ganhará, enquanto conceito psicanalítico, o sentido de estabelecimento de um laço afetivo intenso, que se instaura de forma quase automática e independente da realidade, na relação com o médico, revelando o pivô em torno do qual gira a organização subjetiva do paciente.

No contato com o médico, uma série de fantasias é automaticamente despertada e ganha novas versões. O traço característico consiste na substituição do afeto por uma pessoa importante na vida do sujeito, pela pessoa do médico, que funcionará como intérprete disso que está sendo lembrado em ato, ou seja, atuado pelo paciente. Sendo assim, a designação de médico perde o sentido, para ser substituída pela de analista. Trata-se na transferência de uma presença do passado, mas que é uma presença em ato.

Por esse processo, o analisando imputa ao seu analista certas posições correlativas àquelas nas quais se encontram as figuras primordiais para ele desde o início de sua vida. Nessa perspectiva, é preciso que apareça um traço pelo qual a pessoa do analista seja identificada com uma pessoa do passado. Nela encontra-se coagulado àquilo que o sujeito espera do Outro a quem ele se dirige. Isso aparece por uma experiência na qual o sujeito comparece de forma mais próxima da verdade de seu desejo, revelando sua forma de lidar com ele, o que mostra que o inconsciente não é um reservatório do passado, mas algo que se atualiza no presente.

A transferência ganha tal importância que será condição preliminar para o estabelecimento do tratamento psicanalítico. Se, por alguma razão, ela não se estabelece, se o paciente não é capaz de fazer um investimento no analista, sustentado sobretudo em supor-lhe um saber, e viver os efeitos disso, também em sua dimensão afetiva, a utilização desse método fica inviabilizada.

O ponto limite no trabalho catártico de Breuer constituiu o ponto inaugural do trabalho de Freud. Breuer afastou-se dessa investigação, mas será ela que possibilitará a Freud criar o tratamento psicanalítico.

Freud percebeu que nesse impasse relacional encontrava-se o eixo em torno do qual girava toda a organização dos investimentos psíquicos do paciente. E mais: constatou que a energia que imantava o sintoma do sujeito neurótico, drenando todos os investimentos de sua vida, poderia, pela transferência, ser dirigida ao analista, para que pudesse ser tratada e então restituída ao paciente.

É como se o sujeito se mantivesse engessado em certos estereótipos que se reeditam a cada nova relação que estabelece, do tipo: "Sou o coitadinho e ninguém me ama, portanto você também não me amará." Ou: "Sou aquele que acerta sempre e fico, portanto, aguardando seus aplausos." Ou ainda: "Sou sempre o injustiçado e, com você, sei que a injustiça se repetirá." E assim sucessivamente, aparecendo em incontáveis situações. O sujeito encontra-se preso numa trama que toma equivocadamente a designação de destino, de sina, de encosto, de carma —, conforme as crenças de cada um.

Lembro de um paciente que veio procurar análise queixando-se de insegurança e localizando-a numa exigência de acertar sempre, saber tudo, a tal ponto que, apesar de toda a sua cultura e inteligência, que eram notáveis, fugia do contato com os outros por recear não saber o que dizer, sentindo-se sempre premido a se relacionar com pessoas muito exigentes. Na análise, repetia-se a mesma coisa, às vezes até se atrasava para chegar à sessão, pois ficava se cobrando dizer algo que contivesse um raciocínio correto, preciso, brilhante. Não adiantava que eu lhe dissesse para dizer o que lhe viesse à cabeça, sem se preocupar. Era aí que a preocupação surgia. Quando interrogado sobre o que poderia levá-lo a proceder daquela maneira, ele imediatamente associou a sua relação com o pai já falecido, diante de quem *sempre* tinha de parecer brilhante. Posição com a qual perpetua sua relação com ele, em todas as novas relações que lhe parecem importantes, e eu como analista não escapava a isso. O que era um obstáculo para as suas relações, extremamente empobrecidas de interatividade, veio a ser a via pela qual pudemos começar a trabalhar, desmontando os elementos que o aprisionavam.

A transferência está presente em todas as nossas relações e, por esse aspecto, ela em nada difere do que se passa no amor. Afinal, quando nos apaixonamos, resumimos nesse sentimento uma série de experiências anteriores. A grande diferença em análise é o fato de que isso não passa despercebido. Ao contrário, por revelar-se como uma via de atualização das motivações inconscientes, funciona como instrumento com o qual o analista vai poder intervir.

É o manejo da transferência que distinguirá a posição do médico da do analista. O médico vale-se da autoridade nele investida e vai na direção da supressão do sintoma, desconsiderando as resistências que se colocam quanto a isso. Para ele, não importa o que o sintoma representa ali, importa eliminá-lo. A transferência fica intacta e não constitui objeto de tratamento.

Se lançar mão da hipnose ou de outro processo sugestivo, o médico consegue reforçar o recalcamento que sustenta o sintoma, e em nada toca no processo de formação do mesmo, tendo portanto uma ação meramente cosmética. O sujeito sob a sugestão do médico pode melhorar, mas essa eficácia é diretamente proporcional à alienação presente na sugestão. O que quer dizer que o êxito não se baseia na superação das resistências, mas sim na sugestão, o que torna os resultados não confiáveis, vulneráveis e inconstantes.

O analista é assim designado porque analisa a transferência, lugar onde aparecem as resistências que, se acolhidas, podem ser trabalhadas. Estas podem revelar elementos fundamentais do conflito que deu origem ao recalcamento e o fez retornar como sintoma. A transferência é objeto de tratamento e é decomposta em cada uma de suas manifestações. Deve ser desmontada, e se o êxito do trabalho se mantém é porque não se baseava na sugestão. O processo de tratamento inclui um aspecto de sugestão que a transferência comporta, servindo-se dele para modificar o desenlace dos conflitos, mas ele mesmo é tratado a fim de que as resistências sejam superadas. A análise da transferência é a condição para o progresso do tratamento psicanalítico.

Freud usa a teoria da libido para expor os mecanismos do tratamento psicanalítico, que só é possível porque a capacidade de investimento libidinal de um sujeito tem algum nível de mobilidade, ou seja, pode passar de um objeto a outro. No neurótico a libido encontra-se dirigida para o sintoma, no qual, por uma defesa qualquer, ele encontrou sua única via de obter alguma satisfação, apesar do preço que paga por ela. Isso não é muito difícil de se verificar, porque é um fenômeno observado não apenas no adoecimento neurótico, mas em qualquer adoecimento. Ou seja, basta que tenhamos uma dor de dente ou de ouvido, para que façamos convergir para ela tudo o que nos interessa no mundo, e queremos que todos à nossa volta façam o mesmo. Se isso ocorre, fica evidente o ganho que obtemos com ela. Freud chega mesmo a dizer que o sintoma constitui a vida sexual do neurótico.

Os sintomas funcionam como satisfações substitutivas e drenam toda a energia que poderia, de outro modo, ser dirigida para as relações objetais — como a psicanálise denomina as relações amorosas —, e para a vida produtiva, comprometendo assim a capacidade de amar e trabalhar. Dessa forma, a libido do neurótico, por um mecanismo defensivo, encontra-se recalcada. Para redisponibilizá-la para o sujeito, Freud nos alerta que é preciso renovar o conflito, a fim de levá-lo a outro desenlace, com o auxílio de forças impulsoras que não estavam disponíveis no momento em que o sintoma se fixou.

Trata-se, portanto, de fazer uma revisão do processo de recalcamento. A mera rememoração é pouco importante, o fundamental não é a memória, mas a experiência da relação com o analista, na transferência. Só assim versões novas do velho conflito são criadas, possibilitando novas soluções.

De todo modo, se o objetivo é trazer à tona o que no passado foi recalcado, por ser incompatível com o Eu do sujeito, há dois modos pelos quais esse passado comparece para viabilizar o tratamento: um, pela rememoração; outro, pela atuação — o que configuraram dois modos de apresentação da transferência. O recalcado é, por um lado, inscrição das representações inconscientes às quais a pulsão adere, e, por outro, a realidade mesma da pulsão, ou seja, exigência de satisfação libidinal.

Dois componentes estão em ação nesse processo onde o passado se atualiza. Um revela o sujeito ligado à linguagem, por onde sua história é tecida. O outro se refere à sua ligação a um objeto, através do qual sua satisfação pulsional se orienta. E esses dois componentes articulam-se, mas apontam consequências diferentes.

Didaticamente, Freud divide o tratamento em duas fases. Na primeira, a libido investida no sintoma e em diversos tipos de objetos fantasiados converge para um único objeto, também fantasiado pelo sujeito, o analista, transformando sua neurose em um novo tipo de manifestação denominada *neurose de transferência*, criada pelo próprio tratamento psicanalítico. Na segunda fase, dá-se a resolução da transferência, ela é desmontada de modo que a libido se livra desse objeto provisório que o analista se prestou a ser, e torna-se disponível para novos investimentos, de preferência menos restritos ao quadro fantasístico do sujeito, embora haja sempre um limite irredutível em jogo.

Desse modo o Eu que repugnava certas orientações da libido, razão pela qual as havia recalcado no sintoma, se reconcilia com elas e resgata novas possibilidades de satisfação, o que reduz suas chances de um novo adoecimento neurótico.

Outra razão atribuída a essa possibilidade de reconciliação do Eu com as exigências psíquicas de satisfação libidinal se encontra também no fato de seu horror pelas mesmas ter sido minimizado, visto que parte delas pôde encontrar satisfação pela ampliação de recursos sublimatórios. Ou seja, ao invés de satisfazer-se apenas pela realização sexual direta, satisfez-se também, com a mesma intensidade, através de outro tipo de realização, desviando o objetivo sexual imediato para outros não diretamente sexuais, promovendo uma revaloração e ampliação no universo dos investimentos do sujeito. Estas são questões relativas ao que se espera do final do tratamento.

O que é preciso ressaltar é que a transferência se converte no campo de batalha que imanta todas as forças que agem no conflito, do qual o sintoma é o resultado. Ela renova esse conflito, e por mais que, obviamente, isso traga problemas para o desenvolvimento do trabalho — já que ao despertar tendências positivas, amistosas e cooperativas por parte do analisando, o que facilita o trabalho, surgem outras negativas, hostis ou de natureza francamente eróticas, que o dificultam e arriscam sua interrupção —, ainda assim é preciso utilizá-la como instrumento. Afinal, "nada pode ser morto *in absentia* ou *in effigie*", como alerta Freud em *A dinâmica da transferência*.

A transferência propicia uma torção na visão, que implica uma atualização do inconsciente. Nessa perspectiva, a psicanálise não é uma mera valorização do passado, como aqueles que não a conhecem costumam dizer, mas a evidência de que a cronologia — passado, presente e futuro — é alheia à lógica singular que age na dinâmica inconsciente do nosso psiquismo. A transferência é, portanto, a mola mestra do tratamento e ao mesmo tempo seu obstáculo, terreno onde ele arrisca fracassar.

Por um lado, imantando uma transferência positiva, essa reforça a confiança e propicia que o sujeito fale livremente ao analista, o que Freud propôs como *regra fundamental da psicanálise* e condição essencial ao trabalho. Consiste em que o analisando — nome atribuído a quem faz esse tratamento — fale tudo o que lhe vier à cabeça, sem restrições, num processo de *associação livre*. O passado surge numa dimensão de rememoração, sem a pressão excessiva de uma exigência de satisfação pulsional.

Por outro lado, o analista também imanta uma transferência negativa, por suscitar sentimentos agressivos ou compostos por elementos eróticos recalcados, propicia revivências de afetos desconectados com a realidade do quadro analítico que produzem resistências ao trabalho que, se não forem analisadas, o inviabilizarão. Por exemplo: "Se eu estiver lhe odiando, como poderei seguir um trabalho com você?" Ou: "Se estou apaixonada, como posso associar livremente? Vou me ocupar em dizer coisas que devem lhe agradar." Nessa perspectiva, a resistência se configura pelo fato de, ao atuar, o sujeito não saber que repete algo, e funcionar sob o jugo de uma exigência de satisfação cega e imediata.

Para poder trabalhar, é fundamental que o analista saiba em que lugar está sendo colocado pelo analisando. Que uso este está fazendo dele, em sua organização subjetiva. É da posição que lhe é dada pela transferência que o analista pode analisar, interpretar, enfim, intervir sobre a própria transferência.

É também a partir do estabelecimento da transferência que o analista pode levantar a hipótese diagnóstica que o orientará no manejo clínico. Isso é importante não para fazer classificações, ou acessar um saber a priori a respeito do sujeito, mas sim porque por mais que a ética da psicanálise, ou o que o analista vise com sua ação aponte sempre na mesma direção, independentemente de sua hipótese diagnóstica, as estratégias para sua intervenção variam. Assim, se ele se encontra frente a um neurótico, um psicótico ou um perverso, sua ética será a mesma, mas a estratégia da qual ele se valerá irá variar.

O diagnóstico jamais pode ser feito a partir de um relato de terceiros ou de uma mera observação fenomenológica. Porque será pela transferência que a verdade da lida do sujeito com seu desejo e a relação com a lei que o governa surgirá na análise. Nada substitui a relação do analista com o analisando. Assim, a descrição, por mais pormenorizada que seja, nada vale se não for colhida na experiência da transferência. Trata-se de uma relação na qual não cabem intermediários, por mais boa vontade que estes tenham.

Há variações da transferência segundo os tipos clínicos: neurose, psicose e perversão. A neurose é a que melhor se adequa às disposições da transferência, por isso é o modelo para o trabalho psicanalítico. Aliás foi com os neuróticos — mais especificamente, com as histéricas — que Freud criou a psicanálise. Neles, a transferência está à flor da pele, prestes a desencadear-se.

Na perversão, a atuação que a transferência comporta é explorada pelo analisando. A exigência de satisfação imediata arrisca a todo o tempo interromper o processo de tratamento. A fantasia toma a cena analítica e exige do analista sustentar firmemente a direção do trabalho. O tratamento psicanalítico de sujeitos perversos é o que mais coloca questões para a clínica atual, e tende a ser expandido com a crescente conexão entre a psicanálise e o campo jurídico.

Na psicose, a transferência também apresenta singularidades. Freud chega a dizer que, pelo fato de a libido dos psicóticos estar toda investida no eu, narcisicamente, o processo psicanalítico fica inviabilizado, pois os psicóticos não investem transferencialmente. É como se a ruptura com o mundo externo, recriado através do delírio, obstaculizasse o estabelecimento de relações objetais e assim o analista não tem entrada. Porém, solicita aos analistas que sustentem a investigação. Lacan, psicanalista francês seguidor dos ensinamentos freudianos, atende prontamente a essa solicitação, começando seu trabalho com a psicanálise a partir de um tratamento possível com os psicóticos e fazendo grandes avanços nesse sentido.

Hoje, o tratamento psicanalítico é um recurso também disponível aos psicóticos apesar da peculiaridade de seus modos de estabelecer a transferência — bem mais difícil, ou mesmo impossível, de ser desmontada ao término do trabalho.

Um psicótico de que tratei durante cinco anos, no início de minha carreira, e que nunca mais vi, mas que continua a me telefonar de tempos em tempos, me ligou para festejarmos os 21 anos de "Bidu" — como ele chama carinhosamente o trabalho que fez na análise. Isso atesta que, embora o trabalho tenha finalizado, quando ele se deu por satisfeito em seu processo, dizendo estar bem para seguir sozinho — e efetivamente estava, já que se estabilizou e seguiu sua vida —, a transferência ainda existe.

Lacan destaca que a chave para a investigação psicanalítica das psicoses, para além da questão do amor operante na transferência, é aquela do saber, da qual, sem a menor dúvida, os psicóticos participam vivamente. Afinal, não é à toa que constroem, como podem, tantas teorias.

Entre o saber e o amor, a transferência em Lacan

Quando procuramos um analista é porque creditamos a ele, ou à psicanálise — que ele encarna —, algum saber que nos intriga, exatamente porque nos escapa. É por esse viés que o analista é colocado no lugar de quem sabe. Eis aí uma primeira dimensão de ficção que se dá na análise. Não que o sujeito pense que o analista sabe especificamente sobre ele, mas sim que há um saber presente em sua experiência, em seu sintoma, saber a ser depurado na análise.

Lacan chama a quem é creditado o saber de o "grande Outro", e ele funciona como uma referência para a nossa organização subjetiva, que é tecida pelo nosso acesso à linguagem. É a esse Outro que nos dirigimos, como se ele fosse a garantia do bom andamento das coisas, lugar de onde emanaria a verdade última de nós mesmos. É essa suposição de um saber no Outro que Lacan localiza como pivô do deslanchamento da transferência, via pela qual o analista vem a encarnar a função de *sujeito suposto saber*.

Se o sintoma — que veio a constituir para o sujeito a melhor solução para lidar com o que se lhe apresenta como real traumático, servindo para encobri-lo — passou, num dado momento, a trazer mais dano do que ganho, cabe então a procura de uma ajuda psicanalítica. No endereçamento ao analista, a transferência, vindo a ocupar o lugar do sintoma, está condicionada à pretensão de que um saber possa fazer vir à tona o saber que sustentou esse sintoma. Espera-se, então, que o analista interprete e viabilize o acesso a esse saber.

Assim, para Lacan, a transferência não se reduz à repetição por ter seu acionamento vinculado à função do sujeito suposto saber. O que leva à repetição é a demanda de que o analista viabilize esse acesso ao saber. É esse pedido que leva à repetição de um caminho já trilhado nessa mesma direção, no qual o sujeito espera que um saber no Outro acene como via de salvação do real traumático. Porém, a repetição de que aí se trata não conduz a um bom encontro, no sentido de possibilitar o acesso a isso que falta, mas ao contrário, o que se repete é a falta do bom encontro, designada *tiquê* por Lacan, tomando de empréstimo um termo de Aristóteles. É, portanto, a repetição do encontro com a falta, com o fracasso na realização dos desejos infantis, com o qual estamos sempre a nos deparar, o que será trabalhado na transferência.

A outra vertente da repetição, a designada *autômaton*, que se expressa por um automatismo, traçando o retorno às mesmas vias empreendidas anteriormente pelos significantes, em nada propicia o advento do novo. Mas será pelo trabalho na transferência que se poderá travar o automatismo de repetição, de modo que a análise possibilite que a repetição aumente a intensidade do fluxo do acaso, abrindo espaço para o imprevisto. Assim, o reencontro do real traumático abre a possibilidade de uma nova solução. É aqui que *tiquê* se faz presente. O analista sustenta esse reencontro, viabilizando meios de transfiguração do horror que o trauma suscita, via pela qual o sujeito tem chance de suportá-lo.

Quando as pessoas começam uma análise e se veem, de certo modo, sustentadas pela transferência, não raro ousam fazer coisas que jamais tinham arriscado anteriormente, começando uma descristalização dos modelos que se encontravam viciados.

A transferência é a aposta de que há que existir um saber que virá dar conta dessa falta do encontro perfeito, desse furo presente na relação do sujeito ao Outro. Esse crédito dado ao Outro traz como efeito o amor. Na transferência, temos por um lado um *apelo ao saber* que advém da relação com a linguagem e, por outro, um *apelo ao ser*, que se configura como demanda de amor. Demanda de vir a encontrar sua consistência, o sentido do seu ser, pela via do amor. Mais especificamente, pela via de uma modalidade imaginária de amor que se vale dos objetos.

O fato de falarmos revela estarmos sempre dirigidos ao Outro. O modo como falamos, o modo como nos apropriamos das palavras e escolhemos significantes testemunha uma organização de nossa subjetividade que é comandada por esse Outro, por esse referente. O inconsciente se justifica pelos efeitos da fala sobre o sujeito. Isso se traduz pelo aforismo lacaniano que diz que "o inconsciente é o discurso do Outro". É o Outro que vigora no que temos de mais íntimo, o que faz com que sejamos um pouco desconhecidos para nós mesmos. Não é à toa que ficamos tão ligados no saber que pode vir dos outros, que, de alguma forma, "encarnam" para nós esse Outro que nos é precioso.

Essa torção do sujeito ao Outro, que revela esse desconhecimento, revela também que, mais do que isso, somos comandados por aquilo que deste Outro — dessa alteridade radical — apreendemos como objeto, ou seja, como um particular objeto que orienta nossa existência como sujeitos desejantes. E por isso mesmo, responde pelo lugar da verdade em todos os momentos das nossas vidas. Como nenhum objeto sensível, existente, está à altura dessa resposta — já que a verdade de nós mesmos nos ultrapassa, é anterior e exterior a nossa existência, uma vez que se encontra não no domínio do sujeito, mas no campo do Outro —, para sublinhar a natureza inassimilável desse objeto frente àqueles existentes no mundo, ele será denominado por Lacan como *objeto a*. E é contornando o objeto *a* que o sujeito se articula com o Outro, enquanto domínio do estrangeiro.

É como se esse objeto *a* indicasse, no campo da linguagem, a existência de um furo, de uma impossibilidade que revela que esse campo do Outro não é de todo significável. Ele denuncia a falta de um significante no Outro que responda pelo valor mesmo desse Outro, o que, em contrapartida, torna enigmático o próprio valor de nós mesmos. E nos colocamos a girar em nossas vidas, em torno desse objeto que faz a ponte.

É nesse circuito até o Outro que buscamos colher um sentido, e se esse Outro não pode ser de todo significável, nosso sentido resta enigmático. Entretanto, é como se desse Outro pescássemos um objeto, e, fazendo seu contorno, atingíssemos a dimensão do Outro como alteridade, efetivando um circuito até ele. E assim, por um objeto que tem como característica essencial o fato de se apresentar como faltante — mas de também apontar uma promessa, constituindo-se como causa de desejo —, inauguramos nossa atividade psíquica nos tornando sujeitos desejantes. Para Freud, a fundação do psiquismo, pelo menos tal como ele interessa à psicanálise, é correlativa à emergência do desejo. Isso fica claro no capítulo VII de *A interpretação dos sonhos.*

A repetição, da forma referida acima, tem uma relação fundamental com um gozo perdido e com o objeto perdido. Há um poema barroco de Gregório de Mattos precioso para, de certa forma, nos mostrar a complexidade do que se trata de abordar através desse conceito de objeto *a*. Recorto apenas uma parte dele:

> O bem que não chegou ser possuído / Perdido causa tanto sentimento, / Que faltando-lhe a causa do tormento / Faz ser maior tormento o padecido. // Sentir o bem logrado,

> e já perdido, / Mágoa será do próprio entendimento; / Porém o bem, que perde um pensamento / Não o deixa outro bem restituído.

A função central do que foi denominado objeto *a*, esse bem que "não chegou ser possuído", é indicar a existência de uma falta no seio do sujeito humano, que marca de maneira estrutural sua insatisfação e sua natureza desejante. Tal falta, em última instância, é decorrente do fato de sermos um tipo de animal peculiar: nascemos extremamente imaturos e sofremos de uma precariedade em nossa orientação instintual. A essa última se sobrepõe a orientação pulsional. O que vem revelar, para além da necessidade, a presença do Outro em nossas vidas.

Esse modo de orientação é demarcado pela ausência de um objeto específico de satisfação, como para a sede é a água, ou para a fome, a comida. Ele encontra nos termos da emergência do desejo uma possibilidade de relação, ainda que parcial, à Coisa perdida que supostamente nos satisfaria plenamente. Parcial porque é a falta que promove toda uma engrenagem que se realiza pelo seu próprio movimento, ao invés de se satisfazer pelo encontro de um objeto específico.

Mário Quintana tem um poema que mostra bem essa engrenagem na qual se funda o desejo. Em "A eterna procura" ele diz:

> Só o desejo inquieto e que não passa, / faz o encanto da coisa desejada. / E terminamos desdenhando a caça, / pela doida aventura da caçada.

Não é preciso muito esforço para reconhecermos isso em nossa experiência. Vemos que não se trata propriamente de reencontro com a Coisa perdida na inauguração da função desejante, pois se tal reencontro fosse possível, determinaria o estancamento dessa função, a morte do desejo e, por decorrência, do próprio psiquismo. Para nós, é bom que o que quer que se afigure como a Coisa se mantenha a uma boa distância. Nesse sentido, parcializamos a Coisa, e na relação com o objeto encontramos a função do objeto *a*, que consiste em interrogar todos os objetos que nos fisgam nas profundezas de nosso ser, ou da nossa falta, buscando em seus recônditos a dimensão enigmática do *falo* que eles comportariam.

O falo, imagem de um pênis ereto usada desde a Antiguidade como um símbolo de exaltação da vida, da fertilidade, indica na psicanálise aquilo que é visado pelo sujeito, por ser investido como o que lhe falta para ser pleno. Se a Coisa é impossível, quem sabe o falo vem em nosso socorro? Nisso situa-se a dimensão em que o falo, como objeto do desejo, encarna justamente naquilo que falta à imagem para ela ser plena, e configura uma presença que está sempre alhures, fora do alcance do sujeito, e por isso mesmo, mote de suas buscas. Funciona como unidade de medida do valor do sujeito, na medida em que este se toma pelo falo. Assim, a expressão chula que refere a disputa entre os homens como "estão medindo o tamanho do pau" não é despropositada, é disso mesmo que se trata.

O sujeito nasce dividido, por um lado tomado pelas exigências pulsionais, por outro, pela linguagem, pelo significante. Ele nasce no campo da pulsão, mas se evoca no campo do Outro. O sexual tenta fazer a conjugação. O sujeito que a psicanálise trata não é o sujeito biológico do instinto, nem o sujeito filosófico cartesiano, nem o sujeito psicológico, nem o político, nem o religioso... O sujeito que interessa à psicanálise é o *sujeito do desejo* enquanto inconsciente, e, para este, não tem remédio. O que o caracteriza é que, frente ao desamparo inerente à própria condição da humanidade, que não pode se fiar no seu instinto, como os outros animais, não tem outra alternativa senão se alienar no Outro, ou no desejo do Outro que o acolhe no mundo da linguagem, via pela qual ele tenta sanar seu prejuízo.

Por essa operação de alienação, o sujeito se constitui como objeto do desejo do Outro, salvando-se da nadificação à qual se encontra condenado no desamparo de sua humanidade. Porém, para efetivamente subjetivar-se, é preciso que a esta operação se agregue uma outra, a da separação. Ela abre para o sujeito a possibilidade de manifestar-se de maneira desejante frente ao desejo alienante, fazendo-se, ele também, sujeito do desejo. Assim, não se trata mais de ser mero objeto do desejo do Outro, mas de, por uma peculiar torção, constituir-se ativamente como *desejo do desejo do Outro*.

Se, originariamente, esse desejo encontra-se no campo do Outro, não há possibilidade de se saber em última instância o que ele articula. Assim, tentamos tomá-lo por um objeto, mais do que isso, por uma fantasia com a qual vestimos certos objetos que o designariam. O objeto que melhor serve a isso é aquele pelo qual tomamos nosso próprio eu, através da imagem de nós mesmos. Essa é nossa fantasia fundamental. Alienamos a multiplicidade do sujeito que somos, vestindo-o com uma fantasia pela qual tomamos nossos eus. A fantasia faz tela a esse real que escapa, sobre o qual é impossível se saber, já que resta inacessível na mais radical alteridade.

Com isso, esquadrinhamos as orientações de nosso desejo, tentando servir ao Outro, seja imaginariamente para confirmá-lo, ou negá-lo. Não sabemos o que ele quer, mas, ainda assim, tentamos responder a ele. Desse modo, estamos sempre em dívida, em falta para com ele, porque entre o que ele supostamente quer e o que respondemos fica um intervalo intransponível. A culpa é engendrada nesse intervalo. Deixamo-nos escravizar por essa fantasia que constituímos de nós mesmos na tentativa de responder ao Outro, para o melhor e para o pior. Quando o pior prevalece, desequilibrando nossa economia psíquica, surge o apelo a que algo propicie um deslocamento desse lugar de fixação e acene com um mais além dessa orientação. É aí que uma psicanálise se justifica, operando com um desejo que se distingue desse desejo alienado no Outro, e constitui uma exceção que é o *desejo do analista.*

Os impasses da contratransferência e o desejo do analista

O *desejo do analista* é o que habilita-o a manejar a transferência para colocá-la a serviço do trabalho analítico, e, portanto, vencer as resistências que tentam obstaculizar o processo, já que a transferência tem duas faces: facilitação e impedimento. Se o desejo do analista não estiver afinado com o trabalho, a resistência surgirá também do seu lado, por meio de uma transferência mal colocada por parte dele, e que o ensurdecerá para tratar as colocadas pelo analisando.

Atuando sua própria transferência, o analista se coloca equivocadamente como sujeito, em vez de ser instrumento nesse processo — objeto, portanto. Essa é a resistência que melhor configura um obstáculo para a análise. Lacan diz que *a resistência é sempre do analista*, já que as do paciente são parte do processo, e sua análise, condição do progresso do tratamento. Elas são simplesmente momentos de fechamento do inconsciente que clamam para que o analista intervenha em prol de sua abertura e com isso o processo avance.

Freud abordou a questão da transferência do analista distinguindo-a como *contratransferência*. Em sua visão, ela se refere ao conjunto das reações afetivas que um analista tem em relação a cada um de seus pacientes, sejam conscientes ou inconscientes. Embora muitos pós-freudianos tenham dado extrema importância ao lugar da contratransferência no tratamento, acolhendo-a até como um dado positivo, Freud foi bastante econômico em sua abordagem. Ele falou pouco de contratransferência, e, quando o fez, localizou mais problemas do que soluções.

Quando um analista dá importância aos afetos suscitados nele por seus pacientes, sua função fica prejudicada, ou inviabilizada, pois o trabalho analítico, diferente de muitos trabalhos psicológicos, não se efetiva como um processo intersubjetivo, ou seja, entre sujeitos.

A noção lacaniana de desejo do analista vem em socorro aos impasses no trato da questão da contratransferência, ao revelar que o mais importante para um bom andamento do trabalho não são propriamente os afetos positivos ou negativos que podem ser despertados em um analista por um analisando, mas a habilitação que lhe permite sobrepor a isso o funcionamento de seu desejo de analista.

O analista não está em posição de simetria frente a seu analisando. Os dois não estão numa análise reciprocamente engajados como pessoas. O analista é pago para que se lembre disso. Aliás, o dinheiro que recebe é também uma compensação por sua abstenção subjetiva, recompensa por ter deixado de lado o Eu. Afinal, para além do contexto analítico, onde o analista se presta a ser objeto no processo do tratamento, ele sente e reage com todos os afetos inerentes ao ser humano, porém não está nessa função para atuá-los. Isso não é fácil, a menos que o desejo de analista se coloque para ele como um valor que se sobrepõe a essas paixões.

Esse desejo é importante a ponto de ter se tornado um conceito lacaniano e vamos abordá-lo mais detidamente. É bom lembrar que o surgimento de um psicanalista está condicionado ao resultado possível de um processo psicanalítico, o que justifica que nenhum curso, nenhum certificado pode atestar que alguém esteja apto para sustentar a função de analista. Encontraremos no desejo do analista, ou seja, no desejo deste que é fruto deste processo, a indicação do que se espera de um processo psicanalítico.

Acontece de este processo não resultar no surgimento de um analista. Afinal, muitas vezes alguém começa uma análise pensando em se tornar analista e, no curso do trabalho, percebe que esta demanda não se articula a um desejo efetivo, e desiste da ideia. Pode acontecer o contrário, alguém buscar tratamento por diversas outras razões e ser fisgado neste percurso pelo *desejo do analista*, engajando-se então numa formação e a adotando à clínica como seu ofício. Ou ainda, servir-se da análise para melhor enfrentar suas dificuldades e nem cogitar a possibilidade de tornar-se analista.

Jacques-Alain Miller, genro de Lacan e estabelecedor dos textos de seus seminários, aludindo ao fato de que, através do recalcamento, opera em nós um desejo de não saber, um *desejo de dormir*, como Freud menciona em *A interpretação dos sonhos*, dá uma interessante formulação ao desejo do analista, situando-o como uma exceção a esse desejo de dormir. Ele diz que este seria o desejo de despertar: "*É um desejo de despertar-se do desejo, enquanto desejo do Outro.*"

A ideia aqui referida vincula-se ao fato de que, por um lado, é com uma fantasia fundamental que um sujeito veste sua *falta-a-ser*, constituindo assim sua subjetividade, pela emergência de um desejo que marca um estilo próprio de ele se haver com o desejo do Outro, tentando respondê-lo e salvando-se assim da absoluta inconsistência e da confrontação insuportável com o real inapreensível. Mas, por outro lado, a travessia da fantasia fundamental — processo visado, segundo Lacan, no tratamento analítico — virá revelar-se como um modo de despertar do desejo do Outro. Dessa maneira, espera-se que o analista, por ter levado sua análise o mais longe possível, tenha despertado do desejo do Outro, para colocar em ação seu desejo de analista.

É importante que fique claro que tal travessia não representa de forma alguma a dissolução da fantasia, como se costuma falar em dissolução do complexo de Édipo, até porque não há sujeito que sobreviva a tal dissolução, dado que é o vazio da falta-a-ser que obscenamente viria à luz, anulando o sujeito, subsumido nesta situação pela crueza do real, no qual é a falta de sentido que vigora, já que o real é o que é, e não o que gostaríamos que ele fosse. A ideia de travessia implica tanto a manutenção de algo quanto a possibilidade de se ir além, atravessar.

Assim, o Outro do desejo vige imperioso no sujeito, escravo da fantasia, para o seu melhor e para o seu pior. Mas, se ocorre ao sujeito o imperativo de deslocar-se dessa posição, em função de algum mal-estar insuportável, o processo analítico apresenta-se como estratagema pelo qual o sujeito, convocado a dar um passo para além do Outro — portanto, ultrapassá-lo — encontra, sim, turbulência e desasseguramento, tocando uma dimensão de dessubjetivação. Porém, a rede que sustenta esse processo melindroso encontra no amor como dom ativo o fundamento do desejo do analista.

O investimento por parte do analisando será marcado pelo passado nos investimentos atuais do sujeito. Isso significa que, na relação com o analista, ele procede tal qual o fez em outras relações importantes na sua vida, num mecanismo denominado *automatismo de repetição*. É como se, uma vez empreendido certo caminho, o psiquismo reacionariamente insistisse em mantê-lo. O psiquismo é reacionário, a vida é que é revolucionária — aí reside a dificuldade.

Para além da repetição que aparece na transferência esta é também amor. Por onde o inusitado pode comparecer, algo pode se criar, se inovar. Esses dois lados se articulam, mas não se pode dizer que sejam a mesma coisa. Lacan insiste em distingui-los em seu seminário sobre *A transferência*. Essa é, a meu ver, a razão pela qual recorre amplamente ao *Banquete* de Platão. Esse livro, que é um elogio ao amor, aborda uma dimensão do amor que interessa ao analista, ou melhor, ao desejo do analista. Lacan usa seu seminário sobre a transferência para destacar algo de extrema importância, articular ao máximo a função do desejo, não apenas no analisando, mas, fundamentalmente, no analista.

Falar em desejo do analista, não é tratar de seus desejos pessoais. Ao contrário da contratransferência, que se refere à afetação da subjetividade do analista no contexto do trabalho clínico, o que é referido como desejo do analista diz respeito não à pessoa, mas à *função*. Ou ainda melhor, trata-se da maneira pela qual o desejo do sujeito, por seu processamento na análise, deu sua vez ao desejo do analista. É preciso que o sujeito analista ceda em seu desejo ao exercício da função de analista, para que o desejo relativo a essa função possa operar no tratamento, livre dos entraves da sua subjetividade.

Quando falamos em *estilo* do analista, ou quando vinculamos a transmissão da psicanálise à transmissão de um estilo, é bom que se saiba que esse não é o do sujeito analista, relativo às suas idiossincrasias mas à dimensão do sujeito que se dobra a sua função — que não é acéfala, nem neutra, nem descondicionada da pessoa que a sustenta. Porém a dessubjetivação, a desocupação da afirmação de si mesmo, exigida para o exercício dessa função, requer que a tônica operante não seja o desejo do sujeito, mas sim o desejo do analista. Um desejo que atravessa a própria condição de sujeito, atravessa seu Eu ideal, perpassa a pessoa e vai na direção do que poderíamos chamar de um universal. Ponto onde desaparece a fronteira entre o exterior e o interior, o fora e o dentro, em torções que bem se revelam, no campo da arte, no vigor do estilo barroco.

A dessubjetivação presente no desejo do analista atesta uma disponibilidade que parece presidida por uma visada ao infinito, que seria o que estaria na origem mesma do amor.

O amor que interessa ao desejo do analista

Quando, no seminário *A transferência*, Lacan lança mão do discurso de Sócrates no *Banquete*, de Platão, para demarcar a maneira própria de o amor operar no processo analítico pela função do desejo do analista, ele nos oferece uma chave preciosa de articulação. Ela mostra o quanto a *ética* que orienta o trabalho do psicanalista é inspirada por uma *estética*, por uma sensibilidade particular.

Em seu discurso, Sócrates diz nada saber do amor, a não ser o que escutou de uma mulher. É nesse lugar curioso, cedido ao feminino, que começa a sua argumentação visando situar o que é o amor. O objetivo do *Banquete* é que cada um dos personagens que o integram faça seu elogio ao amor. Todos os participantes se referem ao amor como um deus, ou algo pleno em si mesmo, diferentemente do que é introduzido por Sócrates. Quando chega a sua vez, ele transmite o que Diotima, uma mulher de Mantinea, certa vez lhe disse.

Nesse texto, é comum que se focalize a relação de Alcebíades com Sócrates, para tratar do que diz respeito à transferência, sublinhando que a suposição de saber creditada a esse último é o pivô da demanda de amor do primeiro e revelando a intrincada relação entre amor e saber. Porém, Lacan, através da indicação da fala de Diotima, aponta também essa outra perspectiva aqui sublinhada, na qual o enlace entre o belo, o feminino e a criação apresenta de modo sublime uma dimensão do amor que, longe de evocar um tamponamento da falta, interessa à produção desejante.

A mulher de Mantinea começa por mostrar que aconteceu com o amor algo similar ao que houve com a palavra *poiesis*. Esta, que em grego originalmente significa a ação de fazer, de produzir, fazendo-se a causa da passagem do "que quer que seja do não ser ao ser" — o que configura uma relação com a criação —, acabou por ficar restrita à ação de fazer versos ou música. Segundo Diotima, o amor estaria vinculado, em sentido amplo, ao desejo do que é bom e nos faz felizes, seduzindo nossos corações, e ficou restrito a indicar a busca da metade de si mesmo.

Ainda no *Banquete*, a ideia de busca da metade de si mesmo para definir o amor fica bem configurada no discurso de Aristófanes, no qual ele conta um dos muitos mitos que aparecem nos discursos. Curiosamente, quando se trata de falar de amor, a razão platônica encontra-se insuficiente e cede à força dos mitos, ou das mulheres. Neles, o discurso parece encontrar seu ponto máximo de proximidade do real. Como se a palavra fosse sulcada daí.

Aristófanes refere-se ao mito dos seres inteiriços, fazendo uma correlação entre a origem dos humanos e a origem do amor. Diz que esses seres, por serem muito ágeis em função de suas quatro pernas, quatro braços, uma só cabeça, mas duas faces, dois sexos, e serem extremamente ousados, foram castigados por Zeus e cortados ao meio como sardinhas, tornando-se ávidos por reencontrarem as metades perdidas. O que justificaria expressões usualmente utilizadas para as expectativas amorosas, como encontrar a cara-metade, ou outros indicativos do "de dois fazer um".

Mas Diotima critica essa visão reducionista do amor, e argumenta que, se o amor se refere fundamentalmente a perseguir com ardor o que é bom e nos faz felizes, é preciso antes interrogar sobre o que é "bom" no amor. E ela mesma responde que o bom no amor é o que se refere à produção da beleza, seja pelo corpo, seja pela alma.

Ela diz que chega uma certa idade em que somos incitados a produzir, e verifica que é a proximidade do belo que incita a produção. O belo provoca expansão, já o feio, não. Ela argumenta que o amor busca a beleza porque junto ao belo, o ser fecundante "se dilata, engendra e produz".

A beleza não é o objetivo do amor, mas é a via pela qual o homem, podendo acolher sua falta, faz-se criador. Encontra meios de transfigurar o horror de sua falta de sentido, de sua mortalidade, em algo com que possa fazer alguma coisa. Como propõe Diotima, ele encontra pela via do belo um modo pelo qual sua natureza mortal pode participar do imortal.

Assim, a beleza se harmoniza com o que é da ordem do divino, coloca-se como meio de transporte que realiza o impossível dessa comunicação. Faz-se, simultaneamente, acolhimento do precário e expressão de expansão. É por essa via que a morte, a fragilidade — expressões de uma passividade referida ao feminino — possibilitam que esse possa encontrar um meio por onde, ao invés de ser recalcado, venha a ser acolhido por nós, e, mais do que isso, celebrado.

E o que o analista tem a ver com todo esse discurso? Tudo. Essa abordagem do amor que o desloca da condição reducionista de "de dois, fazer um", aponta outros modos de operar com ele. Evaporando, de certa forma, o objeto com o qual o sujeito tenta se colar, sem entretanto tirá-lo de causa, o analista descortina um universo bem mais amplo de possibilidades através de uma forma própria de se valer do amor no manejo da transferência.

Quando o objeto, ou melhor, a fantasia que atrela o sujeito ao objeto, revela-se em sua inconsistência — o efeito da travessia dessa fantasia —, trabalho a ser empreendido na análise, espera-se que o desejo do analista convoque um campo relativo ao desejo de fazer, ou melhor, opere na direção em que o saber encontra-se vinculado a um saber-fazer, um "*savoir-faire*". Este é o saber que distingue o desejo do analista e o faz operar em sua direção.

A produção resultante tem sua inspiração na beleza, já que é por um amor infinito à vida, apesar de tudo — malgrado a falta do objeto —, que, pela celebração da atividade de amar, esse desejo encontra sua expressão. Esse saber não tem nada a ver com algum tipo de erudição ou acúmulo de informação, mas refere-se à possibilidade de se tocar "o espírito da Coisa", e, portanto, fazer algo com o impossível em vez de nos debatermos na impotência.

A transferência é a maneira pela qual, na *poiesis* psicanalítica — essa forma peculiar de produção que se espera do tratamento que se sustenta pelo desejo do analista —, usa-se o amor como meio de transporte "do que quer que seja do não ser ao ser", tal como aparece no discurso de Diotima. Ainda que esse ser não seja senão fruto de ato de criação, e, portanto, contorno e não supressão de um vazio insuturável em torno do qual gravitamos, mas frente ao qual se pode fazer alguma coisa.

Dessa forma, a pressão do não-ser — ou, por que não dizer, da feminilidade —, que é tão traumática, pode encontrar outro destino que não seja o recalcamento. De certa maneira, por esse viés, o acolhimento da morte, do limite, nos termos da castração, faz-se canal de abertura para disponibilizar um acesso à vida, já que propicia meios de transfigurar o horror ao vazio que, no psiquismo, é processado como horror à falta e encontra na morte sua expressão mais radical. Não é à toa que a postura corrente do neurótico é de viver se queixando que falta isso ou aquilo, tentando localizar nas faltas o vazio imponderável que arrisca arrebatá-lo da vida. A reversão do queixume é possibilitada pela dimensão fecundante da beleza que opera no amor que inspira o desejo do analista, veiculando a possibilidade de que algo possa ser feito com esse vazio, algo que não é meramente localizá-lo num objeto que falta e girar em torno dele — até porque esse objeto não vai deixar de faltar. Para isso não há remédio.

Esse contexto implica para o analista um modo particular de operar com as demandas que lhe são dirigidas pelo analisando. Este, assim que investe transferencialmente seu analista, põe-se a lhe demandar muitas coisas, inclusive que lhe dê uma resposta, uma solução, lhe diga o que fazer, oriente-o... Demandas que são, em última instância, demanda de ser amado. Não cabe ao analista responder a elas, simplesmente porque é impossível responder àquilo que elas veiculam, um desejo impossível de ser satisfeito plenamente, e é disso que se trata em análise, dessa impossibilidade, que está no centro da orientação ética, e que dá a direção do trabalho do analista. É nessa direção que a ética da psicanálise convoca o sujeito a "cair na real".

Para isso, é imprescindível que o analista esteja prevenido quanto a esta ilusão de plenitude. Isso não faz dele um desiludido, muito menos um pessimista, mas sim um trágico, no sentido artístico do termo, que indica a possibilidade de transfiguração do horror, de modo que este possa ser acolhido, não sem riscos, mas com o menor dano possível, já que volatilizado em seu peso. É nessa perspectiva que a psicanálise se orienta por uma ética que encontra na estética do trágico sua possibilidade de sustentação. Se a psicanálise convoca a que se adentre nas regiões infernais do "ser", é porque é com elas que se pode trabalhar. O mais é idealismo; o que cabe em muitos aspectos de nossas vidas, mas não no tratamento analítico. Sua ética só é sustentável se estivermos aparelhados para isso.

Não responder à demanda não é responder "não". O que a ansiedade daqueles que estão se introduzindo no ofício de psicanalista muitas vezes os leva a fazer. Frequentemente, me dizem em supervisão que, quando inquiridos, respondem logo que não estão ali para dar respostas ou soluções; ou, se assediados, que não estão ali para isso, porém isso já é dar uma resposta. Em vez disso, o analista deve aproveitar a questão para fomentar no sujeito a possibilidade de ele mesmo se intrigar com o que está pedindo, tentando buscar o que o move nisto no contexto da análise, e certamente para além dela.

É fundamental deixar o analisando na falta. Entretanto, é igualmente fundamental avaliar a forma de fazê-lo e a dosagem na qual isso é produtivo porque há um nível de perturbação que pode inviabilizar a continuidade do trabalho, e isto não é desejável. Cabe ao analista sustentar a experiência da falta, o que significa partilhá-la com o analisando.

Espera-se que um analista intervenha, não a partir do sujeito que ele é, mas da função que ele sustenta. Para tal, não basta uma mera abstenção subjetiva, mas sim uma experiência de dessubjetivação que é fruto de sua própria análise. O que quer dizer que é preciso que ele faça um percurso que lhe possibilite, tanto uma queda do Outro enquanto assegurador do "Ideal da Verdade", quanto um certo luto do objeto, com o qual se tenta obturar a falta a ser.

Intervindo do lugar de semblante do objeto que é causa de desejo para o sujeito que ele escuta, o analista busca que algo deste desejo possa ser demarcado em análise. Sua capacidade de intervir a partir desse objeto *a*, suportando encarnar isso que falta, é algo que é efeito da própria análise do analista. É preciso que ele mesmo tenha experimentado a radicalidade dessa falta, com a qual pode fazer algo, para operar a transmissão dessa experiência. Sem isso ele não suportará a falta e se prestará equivocadamente a tentar obturá-la de alguma forma, seja a sua, seja a dos outros — isso é fazer caridade, achando que é para o bem do outro. É preciso que o analista "descaridarize", como brinca Lacan.

É a partir da própria experiência do analista com esse curioso objeto *a* em sua análise, esse objeto que se afigura como polo de atração de toda demanda e de condição absoluta para a existência do desejo, que uma interrogação sobre o desejo pode produzir essa exceção, que é um desejo que não é desejo do Outro, mas sim desejo de analista.

Nesse sentido, cabe ao amor analítico a definição de Lacan, referente à parábola bíblica *A oferta da viúva pobre*, mencionada nos evangelhos de Marcos e de Lucas, na qual constata-se que "amar é dar o que não se tem". Dar o que não se tem é dar a falta. Mas isso só é indício de amor se dar a falta for oferecer meios de operar com ela, de produzir a partir dela. Isso porque ela é irredutível, como revela o fracasso dos obturadores imaginários que tentam suprimi-la. Toca-se, aí, a questão da transmissão de uma dimensão real da experiência que, em nosso caso, é a experiência analítica. É nessa perspectiva que o que fazemos como analista, na clínica, não é heterogêneo à transmissão da psicanálise em outros âmbitos.

Esse amor que inspira o desejo do analista situa-se fora do âmbito da paixão. O que funciona nele não é a exigência de satisfação, mas uma troca na qual se dá o que não se tem. Partilha-se a falta, numa perspectiva na qual o amor se articula com a sublimação, porque operando através da função da beleza, que implica sempre expansão, aponta a possibilidade de se fazer algo com essa falta: criar. O que vai ao encontro da formulação lacaniana de que, na análise, trata-se de passar da posição de amado à de amante.

Trata-se de uma transformação que produz uma nova significação: ao invés de o sujeito buscar seu sentido na passividade de seu clamor por ser amado, enclausurado na exigência de reciprocidade, poder regozijar-se com sua atividade de amar. A isso Lacan chama "o milagre do amor". O amante enquanto desejante movimenta-se, age, não através de uma atividade viril, mas sim criando no lugar da falta, entregando-se a ela, para, a partir daí, engendrar o novo.

A transferência e o encontro com o feminino

Se o universo simbólico é dedicado a traçar distinções, ou seja, se ele se estrutura pela confrontação de pares antitéticos com os quais aprendemos o que significa a palavra "claro" opondo-a a "escuro", a palavra "doce" opondo-a a "salgado", num trabalho onde extraímos cada termo de uma indiferenciação originária de sons, uma continuidade, para depois agregá-los através dos modos de organização artificial construídos pela cultura; e se esse esforço revela uma operação relativa ao modo fálico de relação ao saber, podemos atribuir à posição feminina o que excede a esse campo delimitado pela falicidade.

A obra do psicanalista francês Alain Didier-Weill é prenhe de indicativos nesta direção de articulação entre a transferência e o feminino, pelo viés da música. Destacando a dimensão sonora e musical do estatuto do inconsciente, ele postula que é porque sou considerado pelo Outro um sujeito suposto ouvir que respondo a isso por um amor de transferência, e passo a querer escutar. A experiência comum atesta que a música produz efeitos de amor, ela é mesmo uma invocação para o advento da subjetivação. Não é por acaso que Freud faz uma equivalência entre as polaridades que governam o psiquismo e as que governam o amor, mencionada tanto em *Pulsões e seus destinos*, quanto em *Psicologia das massas e análise do eu*. No primeiro texto, ele localiza três níveis — nível real: sujeito (Eu) e objeto (mundo externo); nível econômico: prazer e desprazer; nível biológico: atividade e passividade — que serão correlativos a outras três polaridades que aparecem no segundo texto: amar e ser indiferente; amar e odiar; amar e ser amado.

A subjetividade é o que resulta da inspiração do que se ouve. O que se ouve torna-se questão e, tentando responder a essa questão, surge um sujeito: o sujeito do inconsciente. Nele, a *pulsão invocante*, ou seja, a força que aciona o advento do sujeito do inconsciente, tem na invocação que lhe vem do Outro sua matriz fundamental, o que faz com que Lacan, tomando a voz como objeto pulsional primordial, valorize essa pulsão por sua proximidade do funcionamento do inconsciente. Isso vai ao encontro da observação freudiana de que o inconsciente é feito do resto das palavras escutadas.

O acionamento do dispositivo da fala no trabalho psicanalítico não é, certamente, pobre em causas e consequências. Parece que a presença da fala em nós articula tanto uma vertente que permanece indeterminada, numa perspectiva mais próxima do estatuto sonoro e musical do inconsciente, quanto uma outra que, trabalhando com escansões, rupturas, tenta repetir fragmentos de sentido e encontra-se submetida ao determinismo sexual.

É como se, sendo humanos, cedo percebêssemos que há um furo em nós. Do lado masculino, a percepção desse furo aciona meios simbólicos de contorná-lo. O falo — relativo ao símbolo do sexo masculino ereto — é o que vai delinear para o homem uma relação específica com o objeto do desejo. A dimensão insondável do Outro fica reduzida a esse significante fálico através do qual um objeto é constituído como objeto do desejo, por onde o sujeito faz-se desejante e encontra uma consistência para seu corpo. É por sua relação ao falo que um homem se sente homem.

Para a mulher, esse furo é real e vivido enquanto tal, já que ela não tem um pênis para velá-lo, os recursos simbólicos revelam-se insuficientes para responder a esse real. A dimensão do sexual, com todo o seu determinismo, revela-se impotente para simbolizar esse furo, que de certa forma abre uma conexão direta com o Outro, enquanto expressão da mais absoluta alteridade. Isso não elimina o estabelecimento de uma relação da mulher com o falo através dos seus supostos detentores, em que um filho ganha uma condição privilegiada. Mas essa relação é insuficiente para dar conta de simbolizar esse furo que deixa em aberto a sua própria existência enquanto mulher, porque, afinal, ser mãe não é propriamente ser mulher. E é nesse sentido que, do lado da mulher, a relação com o ser ultrapassa ou está aquém da relação com o ter ou não ter um falo, ou algo que faça às vezes dele. É por isso que Lacan diz que uma mulher é *não-toda inscrita* na ordem do falo.

Se é a relação ao falo que estabelece a distinção sexual, resta numa mulher uma parte que não está submetida ao sexual e que, por isso, faz apelo a outra coisa: ao ilimitado, ao inacessível, ao invisível, em último caso, ao amor, que é o milagre que vem no lugar da impossibilidade de o sexo conjugar tudo, ou de a insuficiência da relação fálica delinear tudo o que interessa na existência. O amor permite uma curiosa conjugação com o Outro, sem que este apareça através de nenhum lugar-tenente. Faz-se transporte para o acesso de uma mulher ao enigmático ou impossível campo do Outro. Isso aponta uma sincronia, tal como a que existe no gozo místico: o Outro, a alteridade que é traumática, não se encontra aí recalcado, mas acolhido em seu mistério. Trata-se de um lugar de continuidade, onde a inteligibilidade cai e põe em risco o masculino. Introduz-se o sem porquê, o fora do sexo, e uma relação a uma outra modalidade de gozo e outra modalidade de atividade.

A posição feminina parece se referir tanto à indiferenciação originária, quanto a uma suplementação que se impõe frente à limitação do universo fálico da representação, no qual o sentido nunca é suficiente para dar conta da vida.

O feminino, então, situa-se nesse campo que excede o que pode ser ordenado falicamente. Assim, ele torna-se na psicanálise um instrumento conceitual que não se reduz à referência às mulheres empíricas, ou seja, às mulheres em sua existência factual, mas a uma posição que, embora seja prevalente nas mulheres, não é inacessível aos homens, que não deixam de, em certa medida, participar dessa posição.

Cabe situar o modo de operar do desejo do analista no manejo da transferência, e tendo destacado sua relação com uma certa abordagem do amor e do feminino, é preciso sublinhar qual o saber relativo a esse campo que excede à delimitação fálica, para podermos localizar o que já dissemos acerca do saber que interessa ao analista.

Certamente não se trata de um saber restrito ao universo da representação. Aqui, a conscientização e todo o aparato usado para isso, que é tão caro aos psicólogos, não é o que efetivamente conta. O saber de que aqui se trata é, como já foi mencionado, o "saber-fazer", *savoir-faire*, saber implicado na ação, que não é senão ação da vida. Saber transmitido por algo de vivo que tange o limite da representação, saber irrepresentável, mas nem por isso impossível de ser experienciado, dado que se dá pela apresentação, pelos efeitos que provoca em nós. Como é esse o saber que interessa no manejo da transferência, isso explica por que é impossível que surja um analista apenas pela via dos estudos, dos livros, dos cursos, por mais apurados que estes sejam. Trata-se aí de um saber que não é ensinável, mas sim transmissível pela experiência. A experiência da partilha da falta.

Sua qualificação de feminino se acomoda bem à expressão francesa "*sage-femme*" para designar parteira, e também ao dito "sexto sentido", atribuído justa e injustamente às mulheres, visto que, como mulheres da realidade, nem sempre gozamos da posição feminina, por vezes somos extremamente fálicas. O feminino ao qual me refiro vincula-se a um certo acolhimento do mistério, de um vazio prenhe de fecundidade, acolhimento da privação, para além da castração. O que atesta a operação real de elaboração de um luto do objeto, que não é senão luto de nosso atrelamento narcísico ao objeto fálico, com o qual tentamos sustentar a magnitude do Outro, como se isso nos garantisse alguma coisa. A desistência disso implica por um lado desasseguramento, mas, por outro, ampliação de horizontes.

Nietzsche suspeitava que o saber relativo à posição feminina era alheio ao saber filosófico, tão inábil em abordar esse drama que é a vida. Com isso ele sustenta em alguns belos momentos de sua obra, como em *Assim falou Zaratustra*, e em *Além do bem e do mal*, que a vida, tal como a verdade, é mulher.

A Grécia Antiga, berço da cultura ocidental, tem no falo um símbolo de virilidade, de fertilidade que dá a medida do vigor da cultura. Seja a cultura relativa ao saber que faz frutificar o solo ou ao saber que engendra a filosofia, estamos no campo da cultura. Há aí um certo exercício de dominação da natureza. Se o sexual, em sentido estrito, é o que atrela o homem ao animal, ao bestial, era preciso que o grego, criador de cultura, imprimisse seu domínio. O sexual, então, precisou ser resgatado como meio de transmissão do saber. Como se, a partir de então, passássemos a copular através dos significantes, através da linguagem. Desta forma, o sexual veio servir à *Paideia* (pedagogia), quando a atividade sexual do homem adulto com seu discípulo passou a ser imbuída de valor cultural, funcionando como meio de transmissão de saber. A homossexualidade grega valorizada era especificamente esta, qualquer outra prática sexual era carente desse status de glorificação cultural.

Nesse contexto, a *afrodisia* — uso dos prazeres na Antiguidade grega — deveria servir ao saber, mais especificamente ao saber erigido pela posição masculina de submetimento da natureza na criação da cultura. Esse que se inspira no falo, e o toma como unidade de medida e expressão de força. Assim, o amor relativo às mulheres não poderia encontrar valor cultural e nem mesmo ser distinto, ou seja, ser destacado, tematizado. Ele era por demais próximo da vida, da natureza, do animal. É nessa medida que o amor entre um homem e uma mulher seria meramente bestial, destituído de valor cultural, e o amor entre as mulheres estava longe de ser mencionado; estaria ainda mais próximo de uma indiferenciação originária.

Talvez isso nos ajude a entender também por que a tônica da civilização não são as chamadas sociedades matriarcais. Entretanto, nada disso destitui a mulher ou a posição feminina de sua relação essencial ao saber. É preciso que fique claro que o saber de que aí se trata é o feminino, não é aquele que vigora na Ágora, ou na Academia, constituindo a cultura fálica, mas sim aquele que tece a vida, ou seja, é *savoir-faire*, o que significa que age sub-repticiamente, orienta-se pelo real e é impossível de ser assimilável ao conhecimento, à representação.

Trata-se de um saber que guarda uma certa relação com o que Lacan distinguiu como gozo relativo à posição feminina, trabalhando com a hipótese da existência de um gozo Outro, não referido ao que pode ser delimitado pelo falo. Um gozo relativo à infinitude, na qual o que vigora é a indistinção. É por esta perspectiva que, em lugar da existência de uma dualidade de sexos vigorando em todos nós, Lacan propõe, pelos trâmites econômicos do psiquismo, pensarmos na presença, em cada um de nós, de uma dualidade de gozos: o gozo fálico, e por sua insuficiência de satisfação, um gozo Outro, suposto às mulheres, ou melhor, à posição feminina. Trata-se de averiguar no que se investe prioritariamente.

Tomado nesta perspectiva, o feminino não se coloca como o que se opõe ao masculino, um sexo opondo-se ao outro, mas como o que indica a existência de algo que está fora do sexo, fora da divisão sexual, o *continente negro*, tal como Freud o designou.

Poderíamos mesmo dizer que, do ponto de vista psicanalítico, a homossexualidade feminina não existe. Ou seja, tudo que se refere à sexualidade, quer de homens, quer de mulheres, encontra-se relativo à distinção fálica, e, portanto, refere-se ao masculino, por sua apologia ou contestação. O feminino ao qual me refiro, não está ocupado do sexual, mas do amor, que é o que vem em suplência à impossibilidade de complementaridade sexual, complementaridade de relação sujeito-objeto. Nessa perspectiva, o amor viabiliza uma outra modalidade de gozo, que ao se dirigir ao ilimitado toca o campo da mística.

Espera-se que o fim de uma análise que é levada o mais longe possível, que aqueles que desejam ser analistas têm o dever ético de sustentar, proceda à ultrapassagem da fantasia, que é sempre sexual, e dê acesso à pulsão, ou seja, à energia fundamental do sujeito que está aquém e além da fantasia que ele constituiu de si mesmo, ao sexuar-se. Se essa pulsão tem relação com a sublimação, podemos pensá-la, não propriamente como remetida à dessexualização, mas a esta parte indeterminada, ilimitada, que escapa à determinação sexual, onde o amor inspirado na beleza tem seu fundamento, e onde uma referência ao feminino, tal como pensado na psicanálise, encontra sua expressão.

Assim, através da transferência, ou seja, pelo manejo do apego aos objetos aos quais o analisando encontra-se rigidamente fixado em sua disposição libidinal, um psicanalista fisgado pelo desejo do analista sustenta a queda da esperança do sujeito de se fundir com "seu" objeto, de se fazer "Um" com ele. É o amor à vida, apesar de toda a falta de objeto que opera no desejo do analista. O amor que se afirma na celebração da atividade de um dom. Trata-se do dom ativo do amor, no qual a tônica não é a demanda de ser amado, como foi mencionado, mas a afirmação da ação de amar; e ainda que isso se dê através do objeto, tal amar não deixa de passar pelo furo que ele tem em seu íntimo.

Deve ser isso o que fez com que Lacan dissesse que o que mais se aproxima da imagem do psicanalista é aquela que, no passado, se chamou de um santo, aproximando Deus do inconsciente. Isso é bem diferente de fazer caridade porque para chegar ao inconsciente ou a Deus, há que se proceder sem procurar compreender, sem tentar reduzir a alteridade ao mesmo, ao conhecido. Devem-se acolher as trevas, o continente negro, o feminino para melhor ter acesso a uma iluminação que oriente, não tanto o pensamento, mas a existência. Nessa perspectiva saber e ser confundem-se. O saber que aqui interessa é saber do ato, um saber implicado num fazer que cria a vida, já que não há saber no Outro que a garanta.

Desta forma, a psicanálise implica uma orientação ética peculiar que se espraia também pelos outros âmbitos, alheios à clínica em sentido estrito. Essa marca a peculiaridade da intervenção de um analista, quer seja em instituições como hospitais, empresas, escolas, quer seja na cultura, em sentido amplo. E se o acolhimento da psicanálise é sempre um tanto ambíguo, talvez seja por sua estranheza, que pode ser considerada, sob certos prismas, pestilenta, por não deixar de convocar uma certa "queda na real", para longe dos idealismos. Para melhor situar a ação da psicanálise, ou do psicanalista, Lacan tenta formalizar o discurso do analista.

A transferência e o discurso do analista

A psicanálise configura um tipo de laço social absolutamente particular, eminentemente linguageiro, ou seja, depende do que articulamos pela fala. Cada modalidade de laço social se vale de um discurso específico. Lacan distinguiu quatro modalidades, as quais buscou formalizar em quatro discursos diferentes: o discurso do mestre, o discurso histérico, o discurso universitário e o discurso do analista. Quando se fala como mestre, como histérico, como universitário ou como analista, não se faz uso da palavra da mesma maneira. Parte-se de posições completamente diferentes e visa-se finalidades também diferentes. É o discurso do analista, e não outro, o que interessa para o cumprimento do trabalho na transferência.

Lacan sublinha que todos eles têm um lugar reservado para o que foi perdido no campo do gozo, quando o humano distinguiu-se como falante e destacou-se do mundo natural. O gozo está, portanto, limitado por processos naturais que, se são naturais, nada se pode saber deles — como nada se pode delinear quanto ao gozo de um peixe por estar na água. No universo natural ele resta mudo, colado ao corpo, na falta do significante para distingui-lo. Não havendo esse traço significante, não há meios de reconhecimento, anula-se qualquer distância entre o corpo e o gozo, o que torna esse gozo meramente corporal, certamente em ação, mas inapreensível para aquele que fala.

Talvez seja por isso que falar seja um processo tão complexo, que envolve tantas dificuldades. Quem fala atesta, em certa medida, uma perda de gozo, o qual obviamente o sujeito tenta resgatar como pode, pelo próprio discurso. O mesmo acontece quando os pais, protegendo seus rebentos de se haverem com essa dificuldade, apressam-se em entendê-los, sem deixá-los se esforçar para falar, favorecem que estes fiquem fixados numa posição que restringe suas possibilidades de expressão.

O investimento no chamado objeto *a* revela-se como condição absoluta para o sujeito enquanto desejante, uma vez que atualiza sua índole de ser em falta, não pleno, e portanto em estado de busca perene, como se, por esse viés, algo acenasse com a plenitude perdida. Há em todo discurso um lugar para esse resto de gozo do qual o sujeito foi apartado, que é então, o que passa a ser reivindicado, o que se reveste da maior valia, e é visado pelo discurso. É como se, pela fala, tentássemos laçar o gozo que se supõe vigorar na conexão perfeita sujeito-objeto.

Mas, entre o sujeito, abordado na psicanálise como barrado ($), dividido em relação a ele mesmo, e esse objeto *a*, objeto visado exatamente por conta da existência dessa divisão, se interpõe todo o universo da linguagem, o campo dos significantes, que Lacan propôs localizar com os termos: significante-mestre (S_1) e saber (S_2), priorizado como saber inconsciente. Assim, entre o sujeito e o objeto que o interessa, há sempre os termos da linguagem, ou seja, o universo dos significantes. Na formalização dos discursos, isso aparece numa sequência que gira entre →$→$S_1$→$S_2$→a. Temos numa ponta o ($), na outra o *a*, e, entre eles, os significantes, buscando deixar claro que o sujeito não tem uma relação natural com o objeto — a linguagem é o que intermedeia essa relação.

Na teoria proposta por Lacan, deve-se ainda considerar que existem quatro lugares na constituição de um discurso.

Todo discurso parte de um *agente*, que, motivado por sua relação com uma *verdade* que lhe é latente, dirige-se ao *Outro* e visa que alguma *produção* advenha daí. Essa ideia pode ser mostrada pela fórmula:

$$\uparrow\frac{\text{agente}}{\text{verdade}} \quad \begin{matrix}\rightarrow \\ \Delta\end{matrix} \quad \frac{\text{outro}}{\text{produção}}\downarrow$$

As setas indicam os vetores de movimento circular da produção dos discursos — laços atirados para se capturar com o saber a verdade, que insiste em se manter enigmática e jaz sob a barra. O símbolo Δ entre *Verdade* e *Produção* pretende mostrar a fenda que existe entre o que se pode produzir com o discurso e o que se pode apreender como verdade. Apreender a verdade é uma empreitada impossível que deixa sempre um resto *a* desejar. O chamado objeto *a* designa a perda que está implicada nessa operação, e, ao mesmo tempo, o que se erigiu em torno da dita perda.

Então, de onde deve partir o discurso do analista? O que nele deve funcionar no lugar de agente? Para que esse discurso se ponha em marcha, o analista se empresta como objeto. Mas não como um objeto qualquer, e sim como o que falta. Através da transferência, ele se faz semblante do objeto que é causa de desejo para o sujeito. Ou seja, quando convocado pela transferência, presta-se a fazer de conta que é esse objeto que falta, e com isso descortina-se o modo de o sujeito operar com seu desejo. Assim, o que caracteriza um analista em sua função não é agir histericamente como sujeito dividido, demandante, nem como mestre ou universitário.

O discurso do analista foi formalizado localizando os seguintes termos nos quatro lugares acima assinalados:

$$\uparrow \frac{a}{S_2} \rightarrow \frac{\$}{S_1} \downarrow \quad \Delta$$

Nele, o *a* funciona como a marca da falta no seio do sujeito, causadora de seu desejo. O analista vem agir a partir desse objeto *a*, que é polo de atração para o desejo e tem a função lógica de demarcar determinados objetos no mundo dotados do brilho, ainda que parcial, daquilo que foi perdido e que o sujeito tenta resgatar através das atribuições fálicas — entre as quais falar.

É esse objeto que é *causa de desejo*, que está no lugar de comando, lugar de *agente* no discurso do analista. O analista, endereçando-se ao *outro*, seu analisando, abordado como sujeito dividido (\$), — não pleno, sujeito fisgado pelo desejo —, convoca-o à produção do *significante* que lhe é referencial (S_1), que comandou a inauguração da sua função desejante, ainda que o acesso ao saber (S_2) sobre ele seja obstaculizado pela parcialidade de nosso acesso à *verdade*, obstáculo este que o símbolo Δ vem indicar. Com isso, a psicanálise pretende desvelar a condição radical da subjetividade, não como algo que efetivamente encontra sua consistência num sentido (S_1), mas como aquilo que vige no hiato entre este suposto sentido situado na origem e o que se pode saber sobre ele (S_2), donde se justifica a ideia de um saber inconsciente.

A abordagem do discurso do analista através dessa formalização revela no mínimo que, primeiro, o analista não é mudo, e muito menos é aquele que fica só repetindo especularmente o que o sujeito acabou de dizer. O que Lacan menciona acerca do analista fazer-se de morto implica uma estratégia vivamente elaborada para que este não fale pelo Outro, ou seja, deixe que o sujeito receba do Outro, que lhe é referencial e que não é o analista, sua própria mensagem, de forma invertida. O que em outros termos implica engolir o que vomitou, ou, simplesmente, escutar-se. E segundo, que seu discurso é bem-vindo e necessário para dar uma direção ao tratamento. Seu discurso se compõe muito menos do conteúdo do que ele diz, do que ele enuncia, e muito mais da fecundidade das alusões que propiciam que o sujeito produza os significantes que o atrelam, e reposicione-se nos termos de sua satisfação pulsional, o que implica rever sua forma de haver-se com a falta de objeto e com a impossibilidade da linguagem de abarcar o real.

O analista deve se pronunciar sobretudo quando algo estanca a associação livre do analisando, que tem por função propiciar meios de expressão aos desejos inconscientes. Caso o que se instale seja o exercício de um blá-blá-blá, vazio da implicação do sujeito que fala, então cabe intervir de modo a convocar o comparecimento do sujeito do desejo. Um exemplo simples disso seria: se alguém vive a se queixar de seu infortúnio por todos o explorarem e se aproveitarem dele, o analista intervem de forma a intrigar esse sujeito quanto à ocorrência disso em sua vida, inquirir-lhe acerca do que nele mesmo poderia favorecer isso. Deslocando-o da mera posição de vítima, objeto passivo do Outro, para a de sujeito ativo na produção do que o acomete.

Para tal, não é como sujeito, numa perspectiva intersubjetiva, que o analista atua, mas a partir do objeto pelo qual foi investido. É preciso que o analista já tenha sido investido como objeto nas malhas do inconsciente daquele a quem ele escuta, para estar autorizado a intervir. É a transferência que o autoriza. É aí que não cabe ao analista julgar a situação do paciente e muito menos se identificar com seus infortúnios.

O analista opera tanto por meio da interpretação significante, que isola os significantes de comando na vida do sujeito, seus ideais, suas identificações, ou traz certos efeitos de verdade, quanto por meio do que Lacan denomina como interpretação verdadeira, privilegiando-a. Ela não visa propriamente o saber, mas o ser. Visa fazer aparecer a falta a ser, fazer comparecer o que permanece rebelde ao enunciado. É interrogando o significante que a falta a ser será desvelada e carreará a causa do desejo. Isso tem seu efeito porque o último pivô do que constitui a transferência não é a espera do saber, mas a espera do ser, e é por esse viés que o amor comparece com toda a sua pertinência e todo o seu equívoco. Aliás, o saber interessa porque é como se, com ele, pudéssemos suturar essa falta que vigora no ser.

Conclusão: transferência x regulamentação da psicanálise

Para concluir retomarei alguns pontos essenciais, a fim de situá-los no contexto de suas implicações para a formação de um analista. Trata-se de abordar de que maneira essa formação alinha-se com a possibilidade de um analista manejar a transferência para fins do tratamento.

O analista, tal como o paciente, não está isento de transferir, a diferença é que se espera que ele, por ter feito o seu próprio percurso de tratamento, esteja melhor preparado para saber de que são tecidas suas relações pessoais, e não venha a misturá-las com as que estão em jogo para o paciente. É para poder servir-se da transferência como instrumento de trabalho, que é precondição para a assunção da função de analista, que este deve se submeter ao tratamento psicanalítico. Por mais que os estudos teóricos sejam essenciais para sua formação, eles de nada valerão se o sujeito que pretende ocupar essa função não proceder a um tratamento pessoal, no qual o que Lacan propôs chamar de desejo do analista possa surgir e habilitá-lo, confirmando sua pretensão.

O desejo do analista implica, dentre outras variáveis, a condição fundamental para que o sujeito possa, em lugar de funcionar egoicamente privilegiando interesses narcísicos, emprestar-se como objeto, suspendendo, o quanto lhe seja possível, seu próprio funcionamento como sujeito. É a isso que se chama dessubjetivação. É privando-se do sujeito que ele é, e prestando-se a ser *objeto causa de desejo* para o analisando que o analista viabiliza uma investigação acerca do desejo inconsciente que move o analisando.

Assim, a vontade de ser analista — ou pessoas que se intitulam analistas, avalizadas ou não pelas mais diferentes escolas e instituições — existe fartamente, porém um analista de fato é bem mais raro de se encontrar. O que garante a existência de um analista é a maneira como, em sua clínica, na direção dos tratamentos que conduz, ele consegue abster-se de seus apelos fantasísticos narcísicos e sustentar sua função, modo pelo qual ele também sustenta sua própria transmissão da psicanálise.

Hoje, com o afã globalizante, existe um apelo a regulamentar tudo, inclusive a psicanálise. E por isso estamos frente a um grave problema. Não é possível regulamentar a psicanálise, porque, ainda que se possa garantir um tempo mínimo determinado de curso, de estudos, de estágios em atendimentos supervisionados, não é possível regulamentar o tratamento de alguém. Não basta que alguém frequente por diversos anos o consultório de um analista, por mais renomado que esse seja, para que isso garanta que ele cumpriu, a contento, o fundamental do que se espera da análise de um analista. Aliás, frequentar o consultório de um analista também não quer dizer fazer análise. Há os que entram em análise e os que gravitam em torno dela anos a fio, sem efetivamente se entregar a esse processo.

Em sua época Freud já respondia à investida dos norte-americanos pela regulamentação — que pretendia reservar o mercado da psicanálise aos médicos —, defendendo a condição leiga da psicanálise. A transmissão da psicanálise exige, para além de estudo e do atendimento supervisionado, a passagem pela experiência de uma análise pessoal, levada o mais longe possível, exigência ética que recai apenas sobre aqueles que desejam ser analistas. Para todos os outros, a análise vai até o ponto em que estejam amando melhor e trabalhando melhor. E o problema é que as análises só podem ser avaliadas em sua singularidade, e são elas que são decisivas para fazerem surgir ou não um analista.

Mas então pode-se perguntar: como reconhecer um bom analista ou uma escola de formação competente? Infelizmente, garantia absoluta não existe, mas alguns indícios são claros. Por exemplo: a propaganda de garantias e facilidades encontra-se em proporção inversa à seriedade. A escolha desse ofício acena com muitas coisas, e, certamente, facilidade não é uma delas.

Além disso, vale observar se o trabalho psicanalítico é empreendido com independência, ou se encontra apenso, submetido, condicionado a algum credo ou religião, ou ainda, a alguma outra disciplina ou área do saber que não seja a própria psicanálise, como a medicina, a psicologia, a neuropsicologia, a filosofia, ou ao que quer que seja. A interlocução é sempre frutífera e indispensável para a psicanálise, porém interlocução não é submissão. A psicanálise é efetivamente uma disciplina independente. Se é que podemos dizer que ela é uma disciplina. Se a pensarmos barrocamente, ela é mesmo — com suas muitas torções e rebuscamentos, clarezas e obscuridades, tal como as que procedem no psiquismo inconsciente — uma indisciplina para aqueles que tentam pensar de uma maneira linear. Por isso, é melhor situá-la como um campo que se abre entre a ciência e a arte.

Outro alerta importante, e que se encontra inclusive diretamente relacionado à função do analista na transferência, diz respeito à seriedade da psicanálise que ele empreendeu, ou à seriedade do modo pelo qual isso é tratado pela instituição ou escola de formação. Do lado do analista, o que se espera que ele tenha conquistado em sua análise, a fim de estar, o mais possível, à altura do exercício de sua função, é a capacidade de, tendo se desatrelado o quanto pôde dos apelos narcísicos que hipnotizam e inflam o eu, disponibilizar-se no exercício de sua função, fazendo-se esse objeto relativo à falta, para o analisando, e com isso suportar escutá-lo na sua diferença, abstendo-se de apelar às identidades, por onde se tem a ilusão de já saber, a priori, alguma coisa. Afinal a compreensão é uma forma de dominação. Diferentemente do amigo que tudo compreende e sabe do que você está falando, para o analista trata-se da árdua tarefa de fazer valer a chamada sábia ignorância.

Isso faz com que os analistas, no exercício de seu ofício, sejam sujeitos mais abstinentes no que diz respeito a dar conselhos, ou respostas, para a vida dos outros. Se, ao procurar um analista, ele começar a dar palpites, atenção! Não que um analista não possa falar, mas é preciso que sua palavra seja "bem-dita", ou seja, sirva de meio e não de fim. A chamada interpretação analítica tem o objetivo de, antes de ser uma resposta, ser um enigma. Ainda que vinculada à decifração de alguma significação, ela aponta o limite do que pode ser significado, indica o furo que vigora no sentido. Por isso ela rompe com a mesmice e abre o canal para o novo, colocando o analisando em trabalho, e não o acomodando em uma resposta que lhe tenha sido dada. Estamos aí perto de um exercício poético.

No que diz respeito às escolas ou instituições de associação ou formação de psicanalistas, é necessário observar a importância do tratamento analítico dos próprios membros ou associados. Acossado por essa questão, Lacan criou o *dispositivo do passe*, um procedimento em sua escola para abordar a questão da análise dos analistas, designada anteriormente por Freud como análise didática. Era como se ele quisesse apreender esse ponto no qual um sujeito atesta sua passagem a analista, e o dispositivo por ele proposto, através de uma série de procedimentos, visasse testemunhar se essa passagem foi feita ou não. Embora, após muitos contratempos, Lacan tenha recuado desta proposição, reconhecendo seu fracasso diante da complexidade do que envolve a autenticação dessa passagem, a questão por ele levantada permanece vigorosa, e o passe foi retomado por diversos grupos.

O mais importante nesse dispositivo diz respeito à contribuição que ele pode prestar para a sustentação da pesquisa acerca do que se passa num processo de análise. Pede-se que o candidato ao passe, designado *passante*, debruçando-se sobre o seu próprio percurso de análise, dê alguns depoimentos aos passadores que encaminharão seu pedido a um júri. Para um sujeito comum, basta que ele se sirva da psicanálise e pronto; para o analista, além disso, cabe dar algum retorno que amplie os aportes teórico-clínicos dessa experiência. Entretanto, quando um analista se expõe na transmissão da psicanálise, para além do *setting* clínico, e consegue sustentar a ética própria a esse campo, não está aí, de algum modo, diante da comunidade, numa certa experiência de *passe*? De quantos modos será que esse passe pode se sustentar?

De todo o modo, através do passe, ou de outras abordagens das questões levantadas sobre o que se espera do fim da análise de um analista, ou dos candidatos a analistas, o fundamental é que a análise destes seja um condicionante ao exercício do ofício, que não pode ser substituído por nenhum outro procedimento de qualquer natureza. Se a importância disso não estiver muito bem evidenciada na instituição escolhida, talvez o nome psicanálise esteja sendo usado inadequadamente.

Diante do exposto, dada a dificuldade de sustentação da função de analista, importa que, enquanto "um" analista que somos, nos indaguemos sobre o modo pelo qual estamos sustentando o *desejo "do" analista*. Nesse sentido, creio que cabe que o artigo definido "O" para definir o analista, seja barrado, tal como Lacan propôs barrar o artigo definido "A" para designar A mulher. Ou seja, nada atesta a existência de O Analista, da mesma forma que A Mulher não existe, no sentido em que ninguém é mulher em sua totalidade. O que, entretanto, não impede a presença efetiva do feminino em nossas vidas, nem que os efeitos de fecundidade do desejo do psicanalista apareçam como a resultante do processo sustentado por um analista. Temos assim mais um elemento para a afinidade, já anteriormente mencionada entre A̸ Mulher e O̸ Analista.

No caso do feminino, isso não coloca grandes problemas, já que o feminino, nesse sentido, não se faz ofício. Porém, no caso do analista fica a questão de como autenticá-lo, e certamente não é por regras ou diplomas. Configuram-se, portanto, dois planos de questões cruciais para a sustentação e o desenvolvimento da psicanálise. Um diz respeito à sua transmissão, ou seja, ao modo de fazer passar a outros não apenas o que pode ser ensinável, através do entendimento teórico-prático, mas sobretudo o mais difícil, a dimensão real da experiência psicanalítica, intrinsecamente relacionada à experiência da transferência. O outro plano, que refere-se aos meios pelos quais se pode reconhecer que alguém está apto para a função de analista, podendo, portanto, ter, de algum modo, sua formação autenticada não foi desenvolvido neste livro.

O primeiro plano das questões aqui levantadas, a transmissão da psicanálise, foi o que abordamos neste trabalho, dado que se refere essencialmente às condições preliminares para que um analista sustente sua função na transferência, portanto, faça o manejo clínico desta última até que ela possa ser desmontada, finalizando o trabalho analítico. Ponto que corresponde à ausência de resposta última do Outro, ou melhor, queda do Outro, que implica a queda da função do *sujeito suposto saber*. Deixando de supor um saber no Outro, a transferência é dissolvida, nos termos do que a originou. Sem o comparecimento da dimensão viva da transferência no que diz respeito à transmissão da psicanálise, tudo o que encontramos são palavras vazias.

Assim, em tudo que diga respeito à psicanálise, uma coisa é certa: o que a transferência atesta é que o amor está no meio — fazendo ruído ou música. Condicionando a possibilidade de trabalho ou o obstaculizando. E será na função que ele ganha no processo analítico — orientado por uma ética que não recua em apontar o real da falta, e inspirado por sua proximidade do belo que incita a produção — que a sublimação surge, possibilitando que, com o acolhimento da falta, do vazio, algo escape da repetição e o novo advenha como efeito da criação, que, em última instância, não é senão criação da vida, afirmação artisticamente trágica da existência, onde recurso e precariedade se conjugam. O que abre um acesso a um gozo chamado feminino, que serve para a psicanálise indicar o que em nós vai além do limite sexual, fálico, além do limite da linguagem, na direção de um campo que excede e toca o ilimitado; traçando, de certo modo, uma impossível aproximação entre o mortal e o imortal.

Referências e fontes

• As referências de Freud à transferência encontram-se na *Edição Standard das obras completas de Sigmund Freud*, publicadas no Brasil pela ESB (Rio de Janeiro, Imago, 1969). Foram fontes os textos: *Estudos sobre histeria* (Breuer e Freud, 1893-5); *A interpretação dos sonhos* (1900); *Cinco conferências sobre psicanálise* (1910); *Sobre a dinâmica da transferência* (1912); *Conselhos ao médico sobre o tratamento psicanalítico* (1912); *Sobre o início do tratamento* (1913); *Recordar, repetir e elaborar* (1914); *Observações sobre o amor de transferência* (1914); *Contribuição à história do movimento psicanalítico* (1914); *26ª, 27ª, 28ª. Conferências de introdução à psicanálise* (1917); *Mais além do princípio do prazer* (1920); *Psicologia das massas e análise do ego* (1921).

• A citação da página 15 encontra-se no livro *Vida e obra de Sigmund Freud*, de Ernest Jones, (Rio de Janeiro, Zahar, 1979, Cap.11). Refere-se a um comentário de Breuer a Fliess. Foi transcrita em trabalho que escrevi anteriormente em coautoria com Denise Berman, no jornal *Gradiva*, jul-ago 1985.

• As referências de Lacan à transferência e ao desejo do analista encontram-se prioritariamente no livro *O seminário, livro 8, A transferência* (Rio de Janeiro, Zahar, 1992), mas também nos livros *O seminário, livro 7, A ética da psicanálise* (Rio de Janeiro, Zahar, 1988); e *O seminário, livro 11, Os quatro conceitos fundamentais da psicanálise* (Rio de Janeiro, Zahar, 1985).

• As referências relativas ao discurso do analista foram extraídas de *O seminário, livro 17, O avesso da psicanálise* (Rio de Janeiro, Zahar, 1992).

• A proposta de uma conceituação do feminino na psicanálise articula-se fundamentalmente com as ideias sugeridas por Lacan em *O seminário, livro 20, Mais, ainda* (Rio de Janeiro, Zahar, 1982); e com um novo livro que será minha próxima publicação, intitulado *Torções do gozo: a psicanálise, o barroco e o Brasil.*

• Os comentários acerca dos obstáculos existentes para uma regulamentação ou regulação da psicanálise estão norteados pelas observações de Freud no texto *A questão da análise leiga* (1918).

• O poema de Gregório de Mattos apresentado na página 30-1 tem por título "Defende-se o bem que se perdeu na esperança pelos mesmos consoantes", e está citado na antologia *Poesia barroca* organizada por Nadiá Paulo Ferreira (Rio de Janeiro, Ágora da Ilha, 2000, p.105).

• O poema "A eterna procura" de Mário Quintana, citado na página 31, foi recolhido da memória da leitura do famoso *Caderno H*, num encarte do jornal *O Globo*.

• A citação de Jacques-Alain Miller que se encontra na p.37, foi transcrita do artigo "O desejo de Lacan" (*Publicação do*

III Encontro do Campo Freudiano no Brasil, Salvador, 1991, p.22).

• Nas p.40-2 citamos primeiramente uma passagem do texto *O Banquete*, que é parte do livro *Diálogos*, de Platão (Buenos Aires, 1949), p.139, e em seguida uma outra do mesmo livro, p.140.

• Na p.49 a obra de Alain Didier-Weill é mencionada, sobretudo por referência aos seus livros: *Nota Azul: Freud, Lacan e a arte* e *A clínica lacaniana* (Rio de Janeiro, Contra Capa, 1997, 1998, respectivamente).

Leituras recomendadas

• Pode-se ler mais acerca das ideias referentes à relação da psicanálise com a contemporaneidade tanto em *O seminário, livro 8, A transferência*, quanto em meus livros: *Para que serve a psicanálise*, coleção Passo-a-Passo em Psicanálise (Rio de Janeiro, Zahar, 2003); e *A face oculta do amor: a tragédia à luz da psicanálise* (Rio de Janeiro, Imago/Ed. UFJF, 2001).

• Como o conceito de transferência é fundamental para orientar a clínica psicanalítica, existe uma vasta bibliografia em torno dele. Sempre que isto acontece, minha recomendação é antes de tudo ler a bibliografia básica, em nosso caso, Freud e Lacan, especificamente os textos acima mencionados que tratam desse tema.

• Recomendo ainda a leitura de textos relativos ao amor. O clássico *O Banquete*, de Platão, utilizado neste trabalho é fundamental, aliás é ponto de partida. O livro *A teoria do amor*, de Nadiá P. Ferreira, dessa coleção Passo-a-Passo em Psicanálise (Rio de Janeiro, Zahar, 2004), dá indicações interessantes para a articulação com nosso tema, bem como o livro *Ainda o amor*, organizado por Sérgio Nazar David (Rio de Janeiro, Ed. Uerj, 1999).

- Recomendo a visita ao site que dirijo, www.psicanaliseebarroco.pro.br. Este último serve sobretudo para a articulação entre a psicanálise e o feminino, o que nele é feito através do modo como interpretamos a expressão barroca.

- Para ampliar a abordagem do tema do feminino, além das leituras dos textos de Freud como *Pulsões e seus destinos* (1915), *Algumas consequências psíquicas da diferença anatômica entre os sexos* (1925); *Sobre a sexualidade feminina* (1931); e de *O seminário, livro 20, Mais, ainda* (Rio de Janeiro, Zahar, 1982), será extremamente interessante a leitura do livro *O que quer uma mulher?*, de Serge André (Rio de Janeiro, Zahar, 1987), e *A exceção feminina: os impasses do gozo*, de Gerard Pommier (Rio de Janeiro, Zahar, 1987).

Sobre a autora

Denise Maurano Mello, nascida no Rio de Janeiro, é psicanalista e professora associada da Universidade Federal do Estado do Rio de Janeiro (UniRio), trabalhando junto ao Centro de Ciências Jurídicas, Políticas e Sociais (CCJP) e junto ao Programa de Pós-Graduação em Memória Social (PPGMS). Tem doutorado em Filosofia pela Universidade de Paris XII e PUC-Rio. Pós-doutorado em Letras, também pela PUC-Rio. É membro do Corpo Freudiano do Rio de Janeiro. Autora de *Nau do desejo: o percurso da ética de Freud a Lacan* (Relume Dumará, 1995); *La face cachée de l'amour: investigation philosophique de la tragédie à la lumière de la psychanalyse* (Presses Universitaires de Septentrion, 2000); *A face oculta do amor: a tragédia à luz da psicanálise* (Imago/UFJF, 2001); *Para que serve a psicanálise* (Zahar, 2003); *Histeria: o princípio de tudo* (Civilização Brasileira, 2010) e *Torções: a psicanálise, o barroco e o Brasil* (CRV, 2011). Coordenou e organizou diversas publicações além de editar a revista eletrônica *Psicanálise e Barroco* (www.psicanaliseebarroco.pro.br) da linha de pesquisa Memória, subjetividade e criação do PPGMS. Concebeu e dirigiu os vídeos: *Torções do gozo: uma imersão no barroco*, 2001, financiado pela Funalfa/JF e pelo Banco do Brasil; *Desdobramentos de Vênus: uma viagem rumo ao continente negro* e *Matriarcado de*

Pindorama: a presença do feminino na cultura brasileira. Contou com apoio do Conselho Nacional de Desenvolvimento Científico e Tecnológico – CNPq.

Email: dmaurano@corpofreudiano.com.br

Psicanálise **PASSO-A-PASSO**

- **O adolescente e o outro**
  Sonia Alberti
- **Mito e psicanálise**
  Ana Vicentini de Azevedo
- **Sonhos**
  Ana Costa
- **Édipo**
- **Psicanálise com crianças**
  Teresinha Costa
- **Freud: criador da psicanálise**
- **Lacan, o grande freudiano**
  Marco Antonio Coutinho Jorge e Nadiá Paulo Ferreira
- **A sublimação**
  Orlando Cruxên
- **Freud e a religião**
  Sérgio Nazar David
- **O conceito de sujeito**
  Luciano Elia
- **A teoria do amor**
  Nadiá Paulo Ferreira
- **Histeria: o caso Dora**
  Nadiá Paulo Ferreira e Marcus Alexandre Motta
- **A interpretação**
  Laéria Fontenele
- **Freud e a cultura**
  Betty Fuks
- **Política e psicanálise**
  Ricardo Goldenberg
- **A psicose**
  Andréa M.C. Guerra
- **Angústia**
  Sonia Leite
- **Linguagem e psicanálise**
  Leila Longo
- **Para que serve a psicanálise**
- **A transferência**
  Denise Maurano
- **Depressão e melancolia**
  Urania Tourinho Peres
- **Feminino/masculino**
  Maria Cristina Poli
- **Os outros em Lacan**
  Antonio Quinet
- **A neurose obsessiva**
  Maria Anita Carneiro Ribeiro
- **Arte e psicanálise**
- **Cinema, imagem e psicanálise**
  Tania Rivera
- **Trauma**
  Ana Maria Rudge
- **A paixão**
  Marcus André Vieira
- **Educação e psicanálise**
  Rinaldo Voltolini